广东特色现代学徒制研究系列丛书

现代学徒制
"广东模式"的研究与实践

赵鹏飞◎等编著

丛书编委会

主　任：魏中林

副主任：郑　文　赵鹏飞

成　员（排名不分先后）：
　　　　吴念香　劳汉生　陈　爽　李海东
　　　　植新培　傅润红　梁国胜

本书编著人员：赵鹏飞　陈秀虎　吴　琼
　　　　　　　孙　明　冯小军　刘元江
　　　　　　　李阳辉

广东高等教育出版社
Guangdong Higher Education Press
·广州·

图书在版编目（CIP）数据

现代学徒制"广东模式"的研究与实践/赵鹏飞主编. —广州：广东高等教育出版社，2015.10（2017.1 重印）

（广东特色现代学徒制研究系列丛书）

ISBN 978-7-5361-5444-5

Ⅰ.①现… Ⅱ.①赵… Ⅲ.①职业教育-学徒-教育制度-研究-广东省 Ⅳ.①G719.2

中国版本图书馆 CIP 数据核字（2015）第 236949 号

现代学徒制"广东模式"的研究与实践
XIANDAI XUETUZHI "GUANGDONG MOSHI" DE YANJIU YU SHIJIAN

出版发行	广东高等教育出版社
	地址：广州市天河区林和西横路
	邮政编码：510500　电话：(020) 87554152　87551163
	http://www.gdgjs.com.cn
印刷	佛山市浩文彩色印刷有限公司
开本	787 毫米×1 092 毫米　1/16
印张	15.75
字数	325 千
版次	2015 年 10 月第 1 版　2017 年 1 月第 2 次印刷
定价	35.00 元

序

  在 20 世纪 70 年代末开始的中国特色社会主义改革开放大业中,广东一直是勇往直前、锐意进取的探索者,勇当破冰者,敢为天下先已成为广东人的精神,成为时代赋予广东人义不容辞的使命。2014 年 5 月,国务院印发了《关于加快发展现代职业教育的决定》,标志着我国进入了加快发展现代职业教育的"新常态",同年下发的《教育部关于开展现代学徒制试点工作的意见》,更是为职业院校的改革指明了"新思路",树立了"新目标"。2015 年 1 月,广东省成为率先提出创建现代职业教育综合改革试点省,在中国职业教育新一轮发展中勇立潮头、勇破坚冰,从长期阻碍职业教育发展的体制机制开刀,从探索产教融合、校企合作的现代职业教育发展模式入手,形成了特色鲜明的现代职业教育发展的"广东模式"。

  当前,广东职业教育战线正全面贯彻落实习近平总书记、李克强总理关于加快发展现代职业教育的指示精神,认真学习领会《广东省人民政府关于创建现代职业教育综合改革试点省的意见》,根据党的十八届三中全会以来,党中央、国务院关于职业教育的功能新定位、形势新判断和工作新部署,将推进现代学徒制试点作为我省加快发展现代职业教育的重点领域和关键环节,作为广东特色现代职业教育发展的新思路、新行动和新部署。最近出台的《广东省人民政府关于创建现代职业教育综合改革试点省的意见》《2015 年全省人才工作重点》《广东省工业转型升级攻坚战三年行动计划(2015—2017)》均对广东省现代学徒制试点工作在政策层面进行了规划和支持。2014 年,省财政对每个高职试点专业补助不低于 40 万元,并安排 45 万元用于相关理论研究;2015 年,又安排 150 万元开展试点专业教学标准研制。佛山市三水区提出试点经费由政府、企业、学校各承担 1/3。中山市计划对试点中职学校每个专业补助 30 万元。省教育厅先后 5 次召开现代学徒制试点培训会议和专题研讨会,组建广东省高职教育现代学徒制工作指导委员会，立项开展广东特色高职教育现代学徒制理论研究，并给予经费支持，支持试点院校与企业按照行业标准和岗位能力要求设计培养方案，资助15个试点专业开展教学标准研制，签署了《中英职业教育（广东）"现代学徒制试点"合作备忘录》。今后我们要着重抓好系统规划，做好顶层设计，因地制宜在全省开展试点工作，构建校企协同育人机制。

广东是现代学徒制试点的先行地。2009年，清远职业技术学院开始探索现代学徒制，通过校企合作，共办专业，在人才培养过程中，校企双方合作的紧密度不断提高，目前学校已有6个专业试点现代学徒制。几年来，学校已形成较为规范的现代学徒制教学管理与运行机制，围绕现代学徒制形成了一系列创新性的经验和做法，获得了全国人大陈竺副委员长和教育部领导的充分肯定。本书就是他们探索现代学徒制工作经验的总结。清远为广东欠发达地区，职教发展水平相对落后，但清远职业技术学院的赵鹏飞同志勇于进取、锐意改革、大胆创新，带领他的团队遍访教育专家、深入行业企业，与区域内知名企业携手开展现代学徒制试点，体现了敢为人先的可贵品质。"一花独放不是春，百花齐放春满园"，清远职业技术学院的探索，是我省在现代学徒制方面的破冰之旅，也带动了一批有志于改革的有识之士。2015年，全省共有18所院校参与现代学徒制试点，现代学徒制已成为广东发展现代职业教育的特色和亮点。改革贵在坚持、重在创新，我期待全省各职业院校积极行动起来，投入到职业教育改革大潮中去，笃志践行，做无畏的改革者，为广东率先建成现代职业教育综合改革试点省，成为南方重要的职业教育基地而努力奋斗！

广东省教育厅党组　魏中林
副书记、副厅长

2015年7月10日

前　　言

　　现代学徒制是将传统的学徒培训与现代学校教育思想结合的一种企业与学校合作育人的职业教育制度，它起源于联邦德国的职业培训，被誉为第二次世界大战后德国经济腾飞的秘密武器。后来被西方各经济发达国家所借鉴，在不同的国家体制和背景下，现代学徒制的实现形式也不相同，但都具有校企联合双元育人和学生双重身份的鲜明特征，并发展成为西方经济发达国家职业教育的主导模式，推动了其社会经济的高速发展。

　　社会经济的发展模式决定职业教育人才的培养模式，所以不同的经济发展时期，职业教育有不同的人才培养模式与之相适应。在我国经济发展将迎来新常态化的历史阶段，职业教育探索试行现代学徒制已上升为国家意志。广东是全国改革的前沿阵地、改革创新的排头兵，探索实践具有广东地方特色的现代学徒制具有重要的现实意义和深远的历史意义。2015年8月，教育部公布了首批现代学徒制试点单位名单（教职成厅函〔2015〕29号），广东试点单位数量居全国第一，清远职业技术学院等7所高职院校成为国家现代学徒制试点单位，这标志着广东现代学徒制试点工作进入了新的阶段，广东特色现代学徒制试点的经验和做法将上升到国家层面。

　　清远职业技术学院为主动服务于地方社会经济发展，从2009年开始探索实践现代学徒制，2012年被广东省教育厅确定为现代学徒制试点学校，2013年成为教育部推进现代学徒制理论研究与实践探索的职业院校，目前有6个专业，招收3类生源，采用3种培养方式，经过近6年的探索与实践，构建了相对完善的教学运行与管理框架体系，形成了具有广东特色的现代学徒制人才培养模式。

该书从理论、实践两个层面探索了现代学徒制所需的政策环境与保障、教学实施运行环境与保障、内涵建设和质量监控与管理等实际问题；以典型案例展示了探索与实践的成果，该书的出版可为国家和地方制定现代学徒制的相关政策与措施提供参考，为职业院校探索实践现代学徒制提供参考和借鉴案例。

编　者

2015 年 10 月

理论篇

导言　3
充分发挥政府引导作用　积极推进现代学徒制试点　/罗伟其　4
现代学徒制的探索与实践　/赵鹏飞　6
"现代学徒制"的实践与思考　/赵鹏飞　陈秀虎　12
现代学徒制人才培养的实践与认识　/赵鹏飞　22
Innovative Apprenticeship in Qingyuan Polytechnic　/Pengfei Zhao　29
现代学徒制专业课程体系构建的探索与实践　/陈秀虎　谌　俊　刘元江
　　　　　　　　　　　　　　　　　　　吴　琼　赵鹏飞　傅润红　39
如何调动企业参与职业教育积极性　/赵鹏飞　陈秀虎　45
校企深度合作共同育人模式的探索与实践　/赵鹏飞　48

实践篇

导言　53
管理制度
清远职业技术学院现代学徒制人才培养日常教学管理暂行办法　64
清远职业技术学院现代学徒制"双导师"教师管理办法　69
清远职业技术学院现代学徒制校企联合招生管理办法　75
清远职业技术学院专业技术技能委员会章程　79
现代学徒制专业教学督导管理办法　83
教学过程文件
清远职业技术学院现代学徒制课堂教学教案（在校培养）　86
清远职业技术学院现代学徒制课堂教学教案（在岗培养集中授课）　90
清远职业技术学院现代学徒制课堂教学计划（在岗培养）　94

清远职业技术学院现代学徒制"双导师"聘任审批表　97

现代学徒制课程考核的指导性意见　98

现代学徒制专业人才培养合作企业调研报告的基本要求　100

清远职业技术学院制订现代学徒制专业人才培养方案的指导性意见　102

双导师互聘共培合作协议　107

清远职业技术学院、_____企业现代学徒制人才培养方案审批流程表　110

校企联合探索现代学徒制企业准入标准（试行）　111

教学监控指标

现代学徒制教学质量满意度调查表　113

现代学徒制课堂教学日志（企业教学点用）　114

现代学徒制企业导师教学质量评价指标（学徒用表）　115

现代学徒制学生年度鉴定表　116

现代学徒制学校导师教学质量评价指标（学徒用表）　117

现代学徒制职业素质基础课程教师课堂教学质量评价指标（学徒用表）　118

案例篇

现代学徒制医疗美容技术专业岗位调研报告　121

清远职业技术学院与广东伊丽莎白美容健身有限公司开展"现代学徒制"人才培养合作协议　126

现代学徒制医疗美容技术专业试点工作方案　129

现代学徒制医疗美容技术专业2014级人才培养方案　138

现代学徒制医疗美容技术专业教学标准　146

现代学徒制医疗美容技术专业"美容消毒卫生"课程标准　161

现代学徒制医疗美容技术专业"专业面部护理"课程标准　167

现代学徒制医疗美容技术专业"专业身体护理"课程标准　172

现代学徒制医疗美容技术专业教学进程　179

现代学徒制医疗美容技术专业企业导师个人基本信息表　181

现代学徒制医疗美容技术专业学校导师个人信息表　189

现代学徒制医疗美容技术专业学徒个人基本信息表　190

现代学徒制医疗美容技术专业学徒成长记录　191

现代学徒制医疗美容技术专业美容消毒卫生任务考核评价表　199

现代学徒制医疗美容技术专业"专业面部护理"操作流程考核评价表　205
现代学徒制医疗美容技术专业"专业面部护理"课程综合考核评价表　207
现代学徒制医疗美容技术专业毕业设计要求　209
现代学徒制医疗美容技术专业岗位工作任务考核表　211
现代学徒制教学效果评估表（学生评价）　214
现代学徒制医疗美容技术专业2012级毕业设计登记表　216
现代学徒制医疗美容技术专业毕业设计作品　217
现代学徒制实施过程中存在的问题及建议　222

附　录

教育部关于开展现代学徒制试点工作的意见　227
关于开展现代学徒制试点工作的通知　231
教育部办公厅关于公布首批现代学徒制试点单位的通知　235

理论篇

导　言

"学徒制"是职业教育人才培养的一种形式，在国内外都有着悠久的历史，中国战国时期就有了学徒制的文字记载。由于社会经济发展模式决定着职业教育的人才培养模式，所以在不同的社会经济发展时期，即使在同一时期不同的国家社会背景下，学徒制的实现形式也不相同。

本书研究探索的是现代学徒制。所谓现代学徒制就是将传统的学徒培训与现代学校教育思想相结合的一种企业与学校合作育人的职业教育制度，它起源于联邦德国的职业培训，被誉为第二次世界大战后德国经济腾飞的秘密武器。后来被西方各经济发达国家所借鉴，在不同的国家体制与社会背景下，现代学徒制的实现形式也不相同，有英国的"三明治"模式、澳大利亚的 TAFE 模式、瑞士的"三元制"和北美的"合作教育"模式，但都具有校企联合双元育人和学生双重身份的鲜明特征，并形成了配套的国家制度、教育制度模型，成为西方经济发达国家职业教育的主导模式，推动了社会经济的高速发展。

在我国经济发展将迎来新常态化的历史阶段，职业教育探索试行现代学徒制已上升为国家意志。探索实践现代学徒制成为职业院校实施内涵建设和改革创新的使命。广东是全国改革的前沿阵地、改革创新的排头兵，探索实践现代学徒制责无旁贷，形成具有广东地方特色的现代学徒制人才培养模式具有重要的现实意义和深远的历史意义。目前我国探索现代学徒制还处于起步阶段，保障和激励校企共同实施现代学徒制的政策体系尚未完善，措施还不配套；实施现代学徒制的基本技术框架体系缺乏；学徒的身份还没有明确的法律定义；企业招工与学校招生相融合的机制还受到某些原有招生制度的限制等。如何克服上述问题，形成具有我国和地方特色的现代学徒制人才培养模式是我们要共同探索解决的问题。

清远职业技术学院从 2009 年开始探索实践现代学徒制，几年来学院针对上述问题，采用比较分析的方法，研究分析了在我国实行现代学徒制所需的运行环境；采用借鉴实验法，探索构建现代学徒制运行所需的平台、技术框架体系、服务与管理保障和质量评价与监控机制；采用总结分析和改进深化方式对探索实践的成果进行总结与理论分析，形成了具有广东特色的现代学徒制人才培养模式。把相关经验集结成书，我们希望通过该书的出版与同仁分享成果，并携手进一步探索研究，推动现代学徒制在我国的不断发展，为我国经济的常态化发展提供更好的服务。

充分发挥政府引导作用　积极推进现代学徒制试点[①]

广东省教育厅厅长　罗伟其

根据会议安排，现将我省开展职业教育现代学徒制试点有关情况汇报如下：

一、主要做法

一是注重政策引导。省政府印发了《关于创建现代职业教育综合改革试点省的意见》《关于加快提升劳动者技能水平服务产业转型升级的意见》等，明确现代学徒制试点的目标任务，鼓励校企合作开展试点。

二是加大经费投入。2014年，省财政对每个高职试点专业补助不低于40万元，并安排45万元用于相关理论研究；2015年，又安排150万元开展试点专业教学标准研制。市县政府加大经费投入，如佛山市三水区提出试点经费由政府、企业、学校各承担1/3，中山市计划对每个试点专业补助30万元。试点院校也加大支持力度，如清远职业技术学院将学费收入的80%下放给试点专业统筹使用。

三是加强培训指导。省教育厅先后五次召开现代学徒制试点培训会议和专题研讨会；召开中英现代学徒制研讨会，签署《中英职业教育（广东）现代学徒制试点合作备忘录》，学习英国先进经验；组建广东省高职教育现代学徒制工作指导委员会，对专业负责人和教师开展培训。

四是努力扩大试点。2011年我省率先在清远职业技术学院3个专业开展试点，到2015年，已有19所高职院校的67个专业开展试点，计划招生2 400人，试点院校占全省高职院校的1/5；中山、佛山等13个地级市积极推进，共有51所中职学校的71个专业申请开展试点，计划招生3 500人。

二、主要成效

一是形成了三种招生方式。第一种，先招生再招工。学校先通过高考招生，企业在学生进校后再招工。第二种，招工与招生同步，学生除了符合学校录取资格外，还和企业签订劳动合同，同时获得两种身份。第三种，先招工再招生，学校利用自主招生方式招收合作企业在职员工。

二是探索了三种培养模式。第一种，"学训交替"模式，学生每周在校学习和在企

[①] 本文为2014年教育部职业教育与成人教育工作视频会议发言稿。

业培训交替进行。第二种,"先学后训"模式,学生在校先学习基本知识、理论,再到企业训练技能。第三种,"学训一体"模式,学生的基本知识、理论和技能主要在企业学习和训练,在岗成才。

三是建设了"双导师"团队。试点院校制定了"双导师"教师管理办法,规定了导师的聘任条件、程序、职责、待遇、奖惩,明确了学校教师和企业师傅的权利和义务。

四是建立了管理和运行机制。试点院校与企业共同制定管理办法,明确学徒在岗培养主要由企业管理,在校培养主要由学校管理。合作企业根据教学需要,合理安排学徒岗位和分配工作任务,保障学徒权益。

三、下一步工作计划

一是完善政策环境。加快推动《广东省职业教育条例》立法,联合省直部门出台《广东省职业教育现代学徒制试点实施方案》,发挥已有职教集团的体制机制优势,为开展试点提供良好的政策环境。

二是深化内涵建设。加快试点专业教学标准研制,构建具有广东特色的现代学徒制标准体系;细化教学过程管理和教学环节安排,建立完善质量保障体系;引入国外高端职业资格证书和标准,选取合适的行业、专业开展试点;以试点为契机,与企业共建特色学院和骨干专业、成立技术研发服务协同创新中心等。

三是提升服务水平。与企业管理部门加强沟通合作,制定参与现代学徒制的企业标准;开发公共信息平台,发布高校、企业现代学徒制招生、招工信息;搭建教学管理和学习资源平台,服务学徒的学习;加快相关理论研究进程,为高校和企业提供理论指导。

谢谢大家!

现代学徒制的探索与实践[①]

清远职业技术学院　赵鹏飞[②]

2009年，广东省清远职业技术学院在校企合作顶岗实习和订单式培养的基础上，计算机应用技术专业（手机游戏设计与开发方向）开始探索具有现代学徒制"双元育人、岗位成才"基本特征的人才培养模式。2011年经广东省教育厅批准，我院2个专业开展现代学徒制试点工作，2012年正式招生开班上课。专业涉及高新技术产业、现代制造业和现代服务业。2013年，学院增报了实施现代学徒制人才培养的专业，企业的积极性很高，预报名的人数大幅度增加。经过几年探索，学院的现代学徒制实践工作取得初步成效，并得到了合作企业的充分肯定及社会较为广泛的认可。

一、背景与选择

广东经历30多年改革开放后，已进入经济社会发展转型期，传统发展方式难以为继。2005年8月，广东省提出了产业和劳动力"双转移"战略，并把加快经济转型升级提升为广东经济建设的核心内容。针对"双转移"和产业结构调整出现的企业招不到需要的人、想找工作的人找不到想要的工作岗位这样一个劳动力结构性短缺问题，学院做了大量深入的调研工作。调研分析得出的结论是，实现合理的劳动力培训与转移是"双转移"顺利实现的前提条件之一，改革高职人才培养方式是解决经济社会发展转型、产业结构调整、企业技术升级瓶颈问题的关键之一。现代学徒制成为实现劳动力培训和深化工学结合人才培养模式的理想选项。

清远是广东省地域面积最大的地级市和少数民族主要聚居地。随着"双转移"战略的深入实施，东风汽车、蒙牛集团、加多宝集团等一批重大项目及劳动密集型企业相继进驻清远，带动了当地经济的快速增长，产业转移从点点星火渐成燎原之势。在此形势下，清远市委、市政府及时启动了"桥头堡"战略，把经济社会发展转型、企业结构调整与技术升级提升到了战略地位。随之而来的是市场对人才的需求结构发生了重大变化，急需大量技术技能型实用人才，这给清远市唯一的一所公办高等学校——清远职业技术

[①] 基金项目：2012年度广东省高职院校教育教学改革项目"现代学徒制人才培养模式的研究与实践"（A类项目，编号：20120101015）。本文发表于中文核心期刊《中国职业技术教育》2013年第10期。

[②] 赵鹏飞，男，云南大理人，博士，教授，硕士研究生导师。主要研究方向：高等职业教育。

学院带来压力，也给学院带来了人才培养模式改革的巨大动力。

为主动适应经济社会发展对高职人才培养的需求，学院组织各专业对企业进行了深入调研。在调研中发现，企业间的竞争表面是产品的竞争，本质上是人才的竞争，大型企业已将人才培养列为企业发展的关键要素。在企业员工中，技术技能型人才少、流动较大、工作待遇好、晋升空间大，企业对此类人才的需求量不断增加。同时，学历低、技能弱的员工待遇及晋升空间有限，都有强烈提高学历、提升专业技能的需求；企业也面临着招收适应工作岗位的技术技能型人才难，而留住这些人才更难的问题，他们希望从现有的技术骨干中培养用得好、留得住和信得过的人才。例如，建滔化工集团人力资源部设有培训部，广东伊丽莎白美容健身有限公司设有美容培训学校。他们花大量资金培训员工，但效果不是很理想。再如，宇龙计算机通信科技有限公司在手机生产、软件测试环节有 2 000 多名大专以下学历的员工，他们急需基础理论知识扎实，又能掌握企业核心技术的高素质技术技能型人才，由于该企业核心技术属于商业机密，高职院校不可能单独培养，企业自身也不能通过培训来解决问题，迫切希望学院与其联合在企业内部培养人才。

从学院发展需求来看，在 2008 年人才培养工作评估中，虽然学院是全国第一家通过教育部新方案评估的高职院校，但评估专家也指出了学院人才培养工作存在一些问题，如"双师"队伍教学团队较为薄弱、内涵建设有待提高等。如何根据评估专家的意见，按照"合作办学、合作育人、合作就业、合作发展"的精神，结合企业和社会的需求，加强内涵建设，成为学院今后发展的重要工作。在这种情况下，学院决定以深化校企合作、改革人才培养模式为切入点将工作重心转入内涵建设。以工学结合为灵魂、以专业建设为主线、以课程建设为核心、以双师队伍建设为重点、以推进课堂教学模式改革为切入点，全面加强内涵建设。在改革人才培养模式的思考与探索中，学院认真学习与分析了国内外先进模式，重点研究分析了西方经济发达国家职业教育的主导模式——现代学徒制。围绕着现代学徒制"双重身份、双元育人"的特色，根据社会经济、企业和学校发展的需求，在原校企合作、顶岗实习和订单培养的基础上，以及企业员工在岗培训的启发下，开始探索现代学徒制的人才培养模式。

二、现代学徒制的探索与实践

根据专业的特点、招生方式、学徒来源和培养形式的差异，我院采用 3 种不同途径探索现代学徒制。

（一）探索与实践途径之一

宇龙计算机通信科技有限公司是香港上市公司，荣获国家级重点软件企业、中国高科技企业 50 强等多项荣誉称号。主要产品酷派智能手机在国内市场国产品牌占有率排名第三位。随着 3G 的启动，2009 年中国智能手机市场呈爆炸式增长，而与之配套的手机软件开发人才越发显得缺乏，为破解智能手机一线研发人员紧缺的局面，公司主动与学院计算机应用技术专业（手机游戏设计与开发方向）签订了校企合作联合培养协议，校企共同探索与实践准现代学徒制育人模式。

其基本运作方式是学院以统一招生的方式招收全日制高中生，校企双方按照行业岗位用人的通行标准制定前两学年人才培养方案，以学院为主、学院企业共同培养，学院教师主要任务是培养学生的系统理论知识、基本的岗位技能；企业从第一至第三学期开始定期委派工程师到校进行企业文化教育和岗位能力解读等，第四学期开始加入企业岗位必需的技术技能培养。第三学年学生与企业签订顶岗实习协议书，享受企业正式员工的一切待遇。企业委派岗位骨干采用一对一师带徒的方式培养，师傅根据企业岗位核心技术的要求和个人的实际情况制订个性化的人才培养计划，经公司审核后实施培养，并以此作为今后企业考核师傅人才培养效果与学徒学习成效是否达到预期目标的主要依据。学院派出专任教师随同学生上岗工作，针对企业岗位核心技术所需的知识和原理，利用晚上和周末对学生进行理论教学和技术研讨。同时，按照企业的管理制度实施管理，按照企业岗位考核的标准和方式对学生的学业进行考核，学院认可企业的考核结果，学生毕业后直接在企业工作。

由于《劳动法》规定在校学生不能与企业签订劳动合同，学生只能签订顶岗实习协议，没有真正的企业员工身份。我们把这种以统招方式，从普通高中招生，按照现代学徒制内涵培养，只是学徒的双重身份与国际现代学徒制双重身份的界定惯例有些差异的模式称为"准学徒制"。这种人才培养模式收到了很好的效果，得到了企业的充分肯定。三届现代学徒制班毕业生已成长为企业研发类岗位的主力军，部分已走上了核心技术管理岗位，21人次经企业审核通过后申报国家发明专利31项。

（二）探索与实践途径之二

学院对准学徒制的探索与实践得到了广东省教育厅的认可与大力支持，2012年学院机电一体化专业和医疗美容技术专业被批准通过自主招生方式进行现代学徒制试点。为了解决学徒双重身份的问题，机电一体化专业和医疗美容技术专业分别与英德海螺水泥有限责任公司和广东伊丽莎白美容健身有限公司合作，采用学院招生与企业招工相结合的方式，从合作企业员工中招生学徒，以解决学徒要具有学生和员工双重身份的问题。校企双方根据企业岗位标准制定人才培养方案，按照职业标准构建专业课程体系，按照岗位任务、工作内容开发教学内容；把企业岗位考核标准及方式和学校考核办法相结合来评价学徒的学业，融合企业和学院管理标准及管理方式，实施刚柔相济的教学管理制度；共同委派教师授课，实施以企业为本位的师带徒式教学，学徒在不脱离工作岗位的情况下，通过工学交替的方式完成学业。这种在校企双方紧密合作的前提下，以自主招生方式，从合作企业员工中招生学徒，并按照其岗位需求，共同培养与管理的定制式人才培养模式，称为紧密型现代学徒制。历经一年的探索，该模式取得了初步成效。

在专业内涵建设方面，医疗美容技术专业与广东伊丽莎白美容健身有限公司的合作已取得初步成果。一是在课程开发方面，以岗位需求为依据，已经把行业或企业的职业能力标准和国家的职业资格证书内容转化成了核心教学内容，实现了课程教学内容与岗位工作任务的对接，同时充分考虑不同岗位学徒的个人与企业需求，构建了既适应岗位需求，又能体现人性化的专业核心课程。二是在课程体系构建方面，教学内容均来自企业岗位等级晋升标准和职业资格标准的专业核心课程，按照岗位工作过程构建基于工作过程的项目化教学课程体系，不但实现了课程与课程、课程与岗位标准之间的有机衔接，也为学历教育与企业员工岗位培训相融合提供了课程依据。三是在学生学业考核方面，把企业岗位任务考核与晋升考核标准的重要指标转化成了学徒学业考核指标，实现了人才培养目标与企业用人目标的一致。同时，课程考核与岗位资格考核贯通，通过工作业绩考核、师傅评价与学习成绩互认等灵活多样的考核方式与手段，实现了考核评价主体和考核价值取向的创新，并为探索现代学徒制专业教学质量评价体系的构建与运行机制提供了典型的参考案例。

机电一体化专业与英德海螺水泥有限责任公司在招生招工方面取得了一定成效。在自主招生的框架下，专业与企业合作共同研制招生与招工方案，改进考核方式和内容，改革招生录取办法，并根据企业需求和学校实际情况，制定了对具有一定工龄、工作岗位和实际操作经验的企业员工实施优惠招生政策，对有职业资格证书或技能竞赛获奖证书的考生实行加分、免试入学等政策措施，逐步实现学院招生与企业招工相结合的灵活有效的招生制度。

在教学管理方面，学院教务处根据现代学徒制工学交替、岗位培养的要求，制定了《关于制订2012级现代学徒制专业人才培养方案的指导性意见》；按照"双元育人"的基本要求，制定了《清远职业技术学院学徒制班级任课教师管理办法》；根据刚柔相济的管理理念，制定了《现代学徒制日常教学管理暂行规定》，按照人才培养目标和结果认定标准采用刚性评价，人才培养的方式、教学形式、管理方式和监控评价方式采用柔性管理，并把整个管理过程纳入学院的人才培养规划与日常教学管理，确保人才培养过程的完整性和人才培养的质量，同时满足其特殊育人方式的需求。

（三）探索与实践途径之三

清远市美亚宝铝业有限公司（以下简称"美亚宝公司"）源自中国铝型材生产基地——广东南海大沥，是中国最早生产铝型材的企业。为全面落实"企业文化育人，流程管事"的企业经营管理理念，该公司董事会决定与学院机电一体化专业联合办学。

学院与美亚宝公司合作的具体做法是，以自主招生的方式从中职毕业生中招收学徒，学徒与企业、学校签订三方协议，保证学徒在岗培养时，享受企业正式员工相应的薪酬及福利待遇。根据行业标准和国家职业资格标准，学院与美亚宝共同制订人才培养方案，并共同培养学徒。第一学年以学院为育人主体，学生在校学习基础理论知识，训练基础的技术技能，掌握生产操作必需的基本技能。学生定期到企业进行见习，企业定期委派高级管理人员和技术骨干到学校进行企业文化教育和岗位能力解读等。第二学年学生到企业，美亚宝公司根据人才培养方案负责落实学徒的工作岗位，委派技术骨干作为学徒的岗位导师，以师带徒的方式实施教学，并按照企业岗位考核的标准与方式考核学生的学业成绩。学生毕业后按照双向选择的原则确定就业岗位。采用"三二分段"招生方式，从中职毕业生中招生学徒，校企按照现代学徒制内涵要求，依据国家标准或行业标准共同培养学徒，学徒毕业后既可以在原单位继续工作，获得更多提薪、晋升的机会，也可以面向社会重新择业，这种人才培养模式，我们称为普通型现代学徒制。

三、效果与评价

宇龙计算机通信科技有限公司软件研发与测试部经理王雄华表示，现代学徒制人才培养模式解决了高新技术企业人才的选、用、育、留问题，调动了企业与学院合作的积极性，建立了长期合作的长效机制。英德海螺水泥有限责任公司党委副书记黄志伟、副总经理张磊在接受《中国职业技术教育》杂志社主编赵伟采访时均表示，现代学徒制实现了企业、院校和员工的"三赢"：企业在员工提升素质的同时提升了综合竞争力，赢得了员工对企业的认同感和归属感；院校在职业教育竞争中得以开疆拓土，更好地实现服务社会的功能；员工在学习中提升技能、提高学历，实现自我增值。广东伊丽莎白美容健身有限公司培训学校校长傅润红认为，这是一种有效合作，通过现代学徒制培养人才，我们企业看到了中国职业教育的希望。

在学院期中教学检查座谈中，英德海螺水泥有限责任公司一位工段长倾诉了学员的心声。他举了一个岗位工作的实例，之前师傅教会了他们绘图，但不知道为什么这样做，在工艺改造时，稍有变动就绘不出标准的施工图。通过半年的学习，现在学生不但能绘图，而且弄清了绘图的来龙去脉。广东伊丽莎白美容健身有限公司的学员也有同样的感受：之前只会模仿师傅的做法，不知师傅为什么这样做，特别是对公司的一些考核标准不理解，常常对公司的管理产生误解。通过现代学徒制班的学习，理解了师傅做法的意图，在传承师傅做法的基础上，更有了自己的做法和创意，也能理解了公司的考核标准，工作也较以前开心多了。

几年来，学院经历了准学徒制、紧密型现代学徒制和普通型现代学徒制等探索阶段。学院遇到的主要困难是，在实践中国内可借鉴的经验极少。但是，学院得到了国家教育部、广东省教育厅和清远市委、市政府的大力支持，使我院现代学徒制试点工作得以顺利实施。广东省教育厅确定学院为广东省首家现代学徒制试点院校。这种探索也得到了教育部相关部门领导的高度重视和悉心指导。《中国职业技术教育》杂志社的主要领导也亲临我院和合作办学企业进行现场调研，调研后对我院的现代学徒制探索工作给予了充分肯定，并提出了宝贵意见。

四、问题与思考

在西方经济发达国家，现代学徒制作为职业教育人才培养的主导模式之一，形成了学徒具有双重身份，接受校企双元教育的鲜明特征。其政府高度重视现代学徒制，制定了与之配套的完善法律体系与政策，形成了比较完整的人才培养体系。而我国的现代学徒制刚刚起步，没有完备的支持现代学徒制的相关政策与法律体系，顶层设计也尚未形成，一些关键性问题有待探讨解决。如在企业员工中招生时，应放开考生只能是本省户籍的限制。开放户籍是调动合作企业共同实施现代学徒制人才培养的一个关键因素，因为它涉及合作企业的核心利益，企业想通过现代学徒制提升员工的技术技能，促进企业的发展，提升骨干员工的学历，实现员工的个人价值和归属感，以留住企业的骨干技术力量为主。广东省大多数企业80%左右的员工是外省户籍，限制户籍必然严重影响到企业参与现代学徒制人才培养的积极性。又如，解决企业《劳动法》规定在校学生和年龄未满16周岁的公民不能与企业签订劳动用工合同的问题，按照国际现代学徒制双重身份的界定惯例，对全日制普通高考招生的学生和中职学生实施现代学徒制时，其学徒身份不能落实。再如，由于国家层面没有完整的顶层设计，试点工作就成了一个探索研究性工作，不得不以项目的方式开展工作。学院在探索的过程中，成立了现代学徒制试点工作项目组，这种工作方式的运作成本远远高于常规的人才培养成本。在此情况下，学院只能从社会经济发展和企业技术升级对人才的需求出发，通过校企、学徒与企业之间签订合同的方式保证各方的利益；通过实施学校招生与企业招工相结合的招生制度，实现学徒的双重身份。以项目工作的方式，组建校企联合教改团队，根据行业标准和国家职业标准，构建专业人才培养标准；根据工学结合，采用岗位培养；通过校企深度合作，实现校企的共建与共管，实施刚柔相济的弹性教学过程管理，以实现"双重身份、双元育人、工学交替、岗位成才"为特色的现代学徒制。

经过几年的探索，我们深深感受到：现代学徒制是开启企业从单纯用人、订单培养转化到企业全程参与育人之门的金钥匙，是推动校企深度合作，实现双元育人的发动机。职业教育只有植根于企业才能焕发勃勃生机。今后我们要把职业教育深深植根于企业，植根于社会经济发展的沃土，继续探索具有自身特色的现代学徒制。

"现代学徒制"的实践与思考

清远职业技术学院 赵鹏飞 陈秀虎

摘 要 本文比较分析了国内外实践现代学徒制的主要做法，结合清远职业技术学院的现代学徒制实践，总结出现代学徒制人才培养模式的主要特征：企业双元育人、交替训教、岗位培养；学徒双重身份、工学交替、岗位成才。分析了实施现代学徒制政府、企业、学校和学徒四者之间的利益关系与作用，并结合现代学徒制的特征要求，归纳出实施现代学徒制必备的内涵要求。本文还对探索与实践现代学徒制中遇到的问题进行了分析与思考，并在此基础上提出了建设性建议。

关键词 现代学徒制 学徒 人才培养

我国职业教育经过多年的探索与实践取得了丰硕的成果，为社会经济的发展做出巨大的贡献。伴随着我国人口红利逐步结束、粗放式发展经济导致生态环境和资源难以承载等客观事实，转变社会经济增长方式、促进产业结构调整与技术升级，成为我国经济建设的核心内容。经济转型、产业结构调整、企业转型与技术升级导致了人才的需求发生了巨大的变化，如何应对这种市场人才结构需求的改变，调整职业教育的人才培养模式是当前职业教育要解决的重要课题。现代学徒制的人才培养模式就是最佳选择，也是职业院校主动适应区域社会经济发展需求的重要举措。

一、国内外现代学徒制的现状与分析

现代学徒制是将传统的学徒培训与现代学校教育思想相结合的一种企业与学校合作的职业教育制度，是一种新型的职业人才培养实现形式，校企合作是前提，工学结合是核心。其鲜明的特征是校企联合双元育人和学生双重身份（学校的学生、企业的学徒）。第二次世界大战后西方经济发达国家都把现代学徒制作为职业教育的主导模式，推动了社会经济的高速发展。

---

① 资助项目：2012年度广东省高职院校教育教学改革项目"现代学徒制人才培养模式的研究与实践"（A类项目，编号：20120101015）。本文发表于中文核心期刊《中国职业技术教育》2013年第12期。

（一）国际现代学徒制现状

"现代学徒制"起源于联邦德国的职业培训，第二次世界大战后成为职业教育的主导模式，并形成了配套的国家制度、教育制度模型，推动了德国社会经济的快速发展。其成功的经验得到了世界许多国家的认可和借鉴。西方经济发达国家高度重视现代学徒制，并有明确的法律、政策和制度上的支持与保障。2006 年，在欧盟相关机构的支持下，来自十余个国家的高校和研究机构的专家学者在德国成立了"国际现代学徒制创新研究网络"（International Network of Innovative Apprenticeship，简称为 INAP）。该机构的调查研究显示，在不同的国家体制与背景下，"现代学徒制"的实现形式也不同，但学徒制教育正在不断地增长与创新中。

西方经济发达国家现代学徒制实现形式概括起来主要有四个典型代表。一是英国的"三明治"模式。早在 1993 年，英国就制订了现代学徒制计划；1995 年，英国现代学徒制在全国 54 个行业中普及推广。在国家的主导下，学校或培训机构自行制订教学计划，以"学习—实践—学习"工读交替的产教结合模式实施教学计划。即学生一段时间在学校学习，另一段时间到工厂实习和工读交替进行。由于这一模式像一块肉夹在两片面包之间，类似于"三明治"，由此而得名。二是澳大利亚的 TAFE 模式，实际上是始行于 1988 年的一种新型现代学徒制度，简称新学徒制。国家统一制定规范的教学标准或培训标准，企业或行业增设特色内容，企业与学校共同完成教学任务。学员 80% 的时间是在工作现场进行的工作本位学习，只有 20% 的时间是在技术与继续教育学院（TAFE）进行的学校本位学习。课程的设置注重专业性和实用性并重，教学内容是教学工作和课堂教学相结合。三是瑞士的"三元制"，即学徒培训制度由企业、职业学校和行业培训中心共同举办，企业提出培训或教学的内容要求，行业与学校制定标准，学校、企业共同实施教学，行业监督质量。学生每周 1~2 天在职业学校接受通识教育和学习专业基础理论知识；每周 3~4 天在企业实习；每学期 1~2 周在行业培训中心学习专业的跨行业课程，以补充企业实践和职业学校学习内容的不足。四是美国的"合作教育"模式，这是目前世界上较为流行的工学结合模式。它是把课堂学习与通过相关领域中生产性的工作经验学习结合起来的一种结构性教育策略，其核心是从职业岗位的需要出发，确定能力目标。学生工作的领域与其学业或职业目标相关。合作教育是学生、教育机构和企业间的一种伙伴关系，参与的各方有自己特定的责任。

总之，现代学徒制均为西方经济发达国家职业教育的主导模式，其工学结合的实现形式具有较大的灵活性，但都遵守"双重"身份、"双元"育人、产教融合、以培养学生岗位能力为根本原则，因此，调动企业主动参与职业教育，融入人才培养全过程的积极性是实施现代学徒制的基础和前提条件，而国家的法律政策支持是根本保证。

（二）国内的探索与分析

随着社会经济的发展和现代职业教育发展的需求，国内对现代学徒制进行了不同形式的探索与实践。例如，2006年，江苏大仓健雄职业技术学院与德国企业合作，形成了本土化的"定岗双元制"高职学历人才培养模式；2011年，宁波北仓职业高级中学以协议的方式开始试行中职教育学历的现代学徒制教学；广州技术师范学院与企业合作探索非学历技工培训教育取得了一定的成效；2010年6月，新余市委、市政府拟投资60亿元规划建设江西职业教育园区，在园区内构建新余市现代学徒制实验基地。以上的探索取得了一定的成效，积累了一定的经验，但仍然没有取得实质性的突破和进展，与国外相比，我国学徒制的建设处于基础阶段，主要表现在以下几个方面：

第一，虽然国家和地方政府高度重视职业教育，但还没有明确和完善的法律、政策和制度支持，缺乏根本性的保障，而且国家层面尚未形成实施现代学徒制的顶层设计。第二，没有真正实现学徒的"双重身份"。第三，职业培训与职业学历教育没能有机衔接。第四，没有准确把握人才市场的需求与发展规律，没有真正找到企业参与现代学徒制的核心利益点和学徒的个人利益平衡点，没有调动起企业联合实施现代学徒制的积极性。

二、清远职业技术学院的探索与实践

回顾10年以来走过的探索校企合作之路，清远职业技术学院经历了顶岗实习、订单培养、校企共建实训基地三个阶段。目前，学院正在积极探索与实践以现代学徒制为主导的双元育人的人才培养模式，已从"松散型""合作型"向"紧密型"深化。在校企双元育人中，如何调动企业参与育人的全过程的问题，学院从企业的需求、利益和方式等方面，与地方区域知名骨干企业开展了深入的调研工作。调研的结果显示，经过30多年改革开放，广东地区社会经济发展转型、企业结构调整与企业技术升级提升到了战略地位。随之而来的是市场对人才的需求结构发生了重大变化，为应对这种变化，很多企业对在岗员工和技术骨干实施在岗培训与学习提高计划，以提升其岗位技术技能，使之适应企业转型与技术升级的要求。一些大型企业主动与学院合作实施校企双元育人和学生双重身份为基本特征的现代学徒制人才培养方式，解决在岗员工和技术骨干在岗培训与学习提高问题。社会经济的发展、企业的需求和自身内涵建设的要求，催生了学院对现代学徒制的探索与实践。

（一）现代学徒制实现途径的探索与实践

根据企业的需求、专业特点、招生生源和招生方式不同，学院分别与高新技术、现代制造业和现代服务产业三类企业深度合作，根据企业的特点与需求，从三个不同途径探索现代学徒制人才培养模式。

1. 互渗交替培养方式（与高新企业合作）

随着产业结构的调整，近年来高新技术企业得到了快速发展，而与之配套的高校人才培养体系在质量和数量两方面都与产业需求有较大差距。出现这种局面有多方面的原因：一方面，由于高新技术企业的核心竞争力是其掌握的且不向外界公开的技术、生产工艺等商业秘密，高校作为公益性服务单位不可能培养掌握企业核心技术的人才；另一方面，高新技术产业的技术更新换代较快，工作具有较强的创新性，从传统高职应届毕业生中培养能掌握企业核心技术，成长为具有创新性工作能力的岗位骨干力量，需要1年左右的周期，培养难度大，成本高。在此种情况下，国内智能手机龙头企业——宇龙计算机通信科技有限公司主动与学院计算机应用技术专业（手机游戏设计与开发方向）签订了校企合作育人协议，通过全国普通高考统一招生方式，招收应届高中毕业生，共同实施现代学徒制的人才培养模式，以培养企业急需的软件研发与测试技术人才。

具体做法是，校企双方按照行业岗位用人的通行标准制定前两学年人才培养方案，采用交替培养的方式，共同实施岗位培养。学校教师主要任务是培养学生的系统理论知识、基本的岗位技能；企业从第一至第三学期开始定期委派工程师到校承担企业文化教育和岗位能力解读等教学任务，第四学期开始按照企业岗位必需的技术技能培养。第三学年学生与企业签订顶岗实习协议书，享受企业正式员工的一切待遇。企业委派岗位骨干作为师傅，根据企业岗位核心技术的要求和个人的实际情况制订个性化的人才培养计划，经企业审核同意后，采用一对一师带徒的方式实施培养。企业根据人才培养计划和实施效果，对师傅人才培养效果与学徒学习成效是否达到预期目标进行考核。学院派出专任教师随同学生上岗工作，针对企业岗位核心技术所需的知识和原理，利用晚上和周末对学生进行理论教学和技术研讨。同时，按照企业的管理制度实施管理，按照企业岗位考核的标准和方式对学生的学业进行考核，学院认可企业的考核结果，学生毕业后直接到企业工作。

经过几年的实践与探索，三届"宇龙现代学徒制班"毕业生已成长为企业研发类岗位的主力军，有一部分已走上了核心技术管理岗位，21人次经企业审核通过后申报国家发明专利31项。该企业表示，现代学徒制人才培养模式解决了高新技术企业人才的选、育、用、留问题，充分调动了企业参与现代学徒制的积极性。

2. 在岗交替培养方式（与现代制造业和现代服务业合作）

随着企业转型和技术升级的不断推进，企业在人力资源方面出现了亟需解决的问题。一方面是企业急需大量高素质技术技能型的一线岗位人才；另一方面低学历、技术技能不能满足企业需求的员工面临失业，企业也不愿意为企业发展过程做出重要贡献的骨干员工因为缺少技术而流失。同时，企业员工出于自身可持续发展的需要也非常期望获得在岗位工作中提升专业技能和学历的机会。英德海螺水泥有限责任公司和广东伊丽莎白美容健身有限公司就是出于此种情况，主动与学院的机电一体化专业和医疗美容技术专业合作，实施在岗交替培养方式，开展现代学徒制人才培养。

采用学院招生与企业招工相结合的方式，通过自主招生的方式，从合作企业员工中招收学徒，自然解决了学徒具有学生和员工的双重身份问题。校企双方根据企业岗位标准制订人才培养方案，按照职业标准构建专业课程体系，按照岗位任务、工作内容开发教学内容；共同委派教师采用交替训教的方式授课，实施以岗位能力培养为根本的师带徒方式教学，学徒在不脱离工作岗位的情况下，通过工学交替的方式完成学业；把企业岗位考核标准与方式和学校考核办法相结合评价学徒的学业，融合企业和学院管理标准和管理方式，实施刚柔相济的教学管理制度。

英德海螺水泥有限责任公司认为，现代学徒制实现了企业、院校和员工的"三赢"：企业在员工提升素质的同时提升了综合竞争力，赢得了员工对企业的认同感和归属感；院校在职业教育竞争中得以开疆拓土，更好地实现服务社会的功能；员工在学习中提升技能、提升学历，实现自我增值。广东伊丽莎白美容健身有限公司认为，这是一种十分有效的合作方式，通过现代学徒制培养人才，企业看到了中国职业教育的希望。

3. 行业通用型交替培养方式

佛山市南海区铝型材行业协会是中国最大的区域性铝型材行业民间组织，其成员生产的铝型材产品占全国同类产品30%以上，清远美亚宝铝业有限公司是该行业协会的副会长单位。作为行业内的骨干企业出于自身技术改造的需求，同时把提高行业整体水平作为自身的社会责任，2012年，清远美亚宝铝业有限公司与学院签订现代学徒制人才培养合作协议，共同探索行业通用型交替培养方式。

具体做法是，采用自主招生的方式从中职毕业生中招收学徒，达到录取条件的学生，通过学生、企业、学校签订三方协议，实现学徒双重身份。根据行业标准和国家职业资格标准，学院与美亚宝公司共同制订人才培养方案并共同培养学徒。第一学年以学院为育人主体，学生在校学习基础理论知识，训练基础的技术技能，掌握生产操作必需的基本技能。学生定期到企业进行见习，企业定期委派高级管理人员和技术骨干到学校进行企业文化教育和岗位能力解读等。第二学年美亚宝公司根据人才培养方案负责落实学徒的工作岗位，委派技术骨干作为学徒的岗位导师，以师带徒的方式实施在岗培养，并按照企业岗位考核的标准与方式考核学生的学业成绩。在岗培养期间，学徒享受与在岗职工一样的薪资福利待遇，学生毕业后按照双向选择的原则确定就业岗位。这种模式充分发挥了职教集团内龙头骨干企业的育人作用，在解决自身的高技术技能人才问题的同时，为行业集团内没有培训经验和能力的中小企业解决人才短缺问题具有重要的现实意义。

（二）实现现代学徒制取得的成绩和遇到的问题

1. 探索与实践取得的成效

通过校企双方的共同探索与实践，我们得出了这样的初步结论，只有根据不同类型企业需求，采用不同的招生方式，招生不同生源的学徒（普通高中、中职毕业生和企业员工），采用不同的实现方式（互渗交替培养方式、在岗交替培养方式、行业通用型交替培养方式），才能培养与企业需求相匹配的人才，并且初步形成了具有自身特色的"校企双元育人、交替训教、岗位培养；学生双重身份、工学交替、岗位成才"为特征的工学结合人才培养模式。同时，现代学徒制的探索与实践得到了合作企业的高度认可：一是现代学徒制人才培养模式解决了高新技术企业人才的选、用、育、留问题，建立了校企合作的长效机制。二是现代学徒制实现了企业、院校和员工的"三赢"。三是通过现代学徒制培养人才，企业更加认同了中国职业教育改革的方向。

2. 探索与实践过程中遇到的问题

第一，急需解决现代学徒制自主招生的生源户籍问题。开放户籍是调动合作企业共同实施现代学徒制人才培养的一个关键因素。其原因是在岗交替培养方式的生源来自合作企业的在岗员工，根据我国自主招生政策，自主招生的生源其户籍必须为当地户籍，而广东省大部分企业80%左右的在岗员工和岗位技术骨干的户籍不属本地，这就意味着合作企业80%左右员工不具备成为现代学徒制学徒的条件，因而企业想通过现代学徒制提升骨干员工技术技能与学历，实现员工的个人价值和归属感，促进企业发展的愿望就不能实现，企业的核心利益没有得到顾及，失去了参与现代学徒制人才培养的积极性。

第二，现代学徒制学徒双重身份的界定问题。在解决从非在职员工中所招学生的学徒身份问题时，我们采用的是学徒、企业和学校之间签订三方协议方式，这种方式与《劳动法》中的劳动用工合同还有所区别，虽然企业承认学徒的员工身份，但从法律角度来看，学徒还不是正式企业员工。另外《劳动法》还规定企业不能与年龄未满16周岁的公民签订劳动合同，年龄未满16周岁的中职学生按照我国《劳动法》规定不能成为企业的正式员工。在实际探索中，学徒与企业签订了类似劳动合同的三方协议，在岗学习期间享受正式员工的薪酬福利待遇，其双重身份和国际界定学徒双重身份的惯例不完全相符，急需相关部门和专家根据我国现阶段实际情况，对现代学徒制学徒的双重身份进行实事求是的界定。

第三，实施现代学徒制校企双方的积极性问题。现代学徒制在我国刚刚起步，没有相关的法律法规规定和政策扶持，企业、学校和学徒的根本利益没有国家法律法规和政策层面的扶持与保障。国家既没有类似西方经济发达国家现代学徒制的顶层设计的指导，国内也没有可参考的成熟案例，在实际探索与实践中，探索者只能按照课题项目的方式开展工作，在探索中自行解决出现的各种实际问题。这样就导致了办学成本的大幅增加，办学经费的不足，学校和企业办学的经济利益得不到应有的补偿，从而影响了校企双方共同探索现代学徒制的积极性。

三、实施现代学徒制的思考与建议

通过几年的探索与实践，我们深深地感受到，现代学徒制是开启企业从单纯用人、订单培养转化到企业全程参与育人之门的金钥匙,是推动校企深度合作,实现双元育人的发动机。职业教育只有植根于企业才能焕发勃勃生机,而现代学徒制就是职业教育植根于企业的最佳途径。同时,我们也深深地认识到,社会经济转型、产业结构调整和企业的转型与技术升级,导致劳动力市场的结构性变化与劳动力的流动,而劳动力流动和岗位技术升级对劳动力技术技能的提升需求,是实施现代学徒制的根本推动力。实施现代学徒制能促使劳动力合理有序地流动,从而促进社会与经济的和谐发展。实施现代学徒制的核心是处理好政府、企业、学校和学徒四者利益关系的问题,并通过一定的方式将其利益固定,形成长效机制。

表1 现代学徒制中政府、企业、学校与学徒的利益与作用

利益者	获得的利益	起到的作用
政府	通过现代学徒制教学与培训,满足劳动力流动和岗位技术升级对劳动力技术技能的需求,为劳动力的合理有效流动和维持社会的和谐与稳定奠定基础	政府通过出台法律法规和政策,确保企业、学校和学徒的利益;教育主管部门出台的顶层设计,能指导现代学徒制工作的全面实施
企业	获得政府资助;相对低廉的劳动力(应届生);解决企业育人、用人、留人问题(在岗员工);得到合作学校的技术服务	提供学徒工位、薪酬福利;作为人才培养的一方,参与全部的内涵建设与育人过程
学校	获得政府资助;共享企业办学资源,拓展招生生源;推动内涵建设,提升办学质量	根据现代学徒制实施条件与要求,组织、协调和承担办学内涵建设与具体实施工作
学徒	在学习期获得政府和企业的资助;能到更适应职业岗位的技术技能,更好地实现个人的人生价值	对现代学徒制的认可与积极参与,用实际成绩获得家长和社会的积极支持

基于以上的思考,实施现代学徒制必须建设两个大的环境条件,一是政策环境条件建设;二是内涵环境条件建设。

(一)政策环境条件建设的几点思考与建议

第一,建议政府借鉴德国、英国和澳大利亚等经济发达国家,政府划拨实施现代学徒制的专项经费、对实施现代学徒制的企业减免税收的优惠鼓励政策、国家统一给学徒购买劳动保险和人身意外保险等现代学徒的政策与法规,根据我国目前推行现代学徒制工作的实际情况,尽快出台扶持我国实施现代学徒制的相关法律法规和政策,为推动我国现代学徒制的实施提供根本性的保障。

第二，建议教育部协同有关部门按照项目建设的方式推动现代学徒制的试点工作，在经费和政策等方面给予支持。同时，引导、鼓励地方政府，特别是教育行政管理部门在职业教育经费的分配上向现代学徒试点院校倾斜，确保现代学徒制试点工作的顺利进行。

第三，建议教育部协同相关部门和专家，根据我国现阶段实际情况，首先对现代学徒制学徒的双重身份进行实事求是的界定，最终通过相关法律条款的修订明确学徒身份，推动我国现代学徒制的全面实施。

第四，建设各级教育主管部门，根据现代学徒制试点工作的需要，尽快放开实施现代学徒制自主招生中对考生的户籍限制，调动企业参与现代学徒制人才培养的积极性，推动现代学徒制工作的不断深入。

（二）内涵环境条件建设的几点思考与建议

内涵建设的主体是学校与企业，整个建设要以双方密切的深度合作为基础。根据实施现代学徒制"校企双元育人、交替训教、岗位培养；学徒双重身份、工学交替、岗位成才"的内涵要求，应考虑做好以下几点工作。

1. 解决学徒双重身份的问题

从改革现代学徒制的招生制度入手，建立学校招生与企业招工相结合的制度体系。在面向企业骨干员工招生中，依据国家自主招生的相关政策和合作企业的需求，对具有一定工龄、有较强的实际操作经验和持有职业资格证书的考生实行优惠政策；在应往届普高、中职、中技及同等学力自主招生和"三二分段"招生中，采用择优录取的方式选择学徒，通过学徒、企业、学校签订三方协议，实现学徒双重身份。根据三方协议学徒与企业具有劳动关系，企业提供学徒工岗位和相应的薪酬福利，学校全程监督，确保学徒与企业的合法权益，逐步构建现代学徒制企业招工与学校招生的互惠相融制度。

2. 解决校企的双元育人、交替训教问题

"双师"团队是实施现代学徒制"校企双元育人、交替训教"的先决必备条件。"双元育人"即学校的"知识导师"与企业"技能导师"共同实施训教的制度。知识导师负责专业理论知识传授、技术与基本技能的培养；技能导师负责岗位技能传授。可见，现代学徒制的师资团队应具备以下的基本能力：职业岗位分析能力、课程内容的开发与课程体系的构建能力、课程教学过程的组织、管理与考核能力。为了保证现代学徒制的人才培养质量，校企双方应根据以上基本要求建立导师的基本任职标准，除考虑现代学徒制教学所需的岗位工作能力、职业教育能力外，还应考虑师资团队为企业技术升级的服务能力。同时还要构建校企"互培共用"的长效机制，实施现代学徒制导师的岗前培养制度和达标上岗制度。"交替训教"是指学校知识导师和企业技能导师通过交替授课的方式培养学徒，其中知识导师一般以集体授课与理论研讨为主，企业导师以师带徒方式授课，所以企业导师的授课人数多于学校的知识导师。基于上述情况，在高职的现代学

徒制工作中应适当扩大企业导师的比例，因此，高职院校基本办学条件中关于兼职教师的比例限制应考虑做出一定的调整。

3. 解决校企岗位培养，学徒工学交替、岗位成才问题

为了实现现代学徒制校企岗位培养，学徒工学交替、岗位成才的人才培养模式特色，校企双方必须在人才培养模式的选择、教学内容的开发、课程与课程体系的构建、学徒的学业考核与评价和训教过程的管理等方面进行改革与创新。

第一，在人才培养模式的选择方面。按照现代学徒制校企双主体育人的基本要求，企业（单位）负责提供学徒工作岗位、学习场所，确保学习时间。学校要以适应企业岗位需求为导向，确保专业理论知识与岗位工作技术技能的有机衔接，并实施现代学徒的"双证书制"。校企共同探索与实践弹性学习制度，兼顾学习和工作，采用以工作岗位培养为主的半工半读、工学交替的教育教学方式。

第二，训教内容的开发和课程与课程体系的构建。校企双方应以企业岗位现实需求与未来发展需求为依据，在兼顾学徒个人发展需要的前提下，从职业工作岗位任务分析入手，借鉴北美的"DACUM"分析法开发课程的方式，参照国家职业资格考试标准，开发适应岗位育人需求的专业教学内容；按照专业理论知识、专业技能与工作岗位任务相一致原则，根据理论知识体系和学生认知规律设计课程，构建岗位群工作过程相统一的专业课程体系，以适应学徒工学交替、岗位成才的需求。

第三，创新学徒学业考核与评价体系。校企双方要将职业认证考核标准与岗位晋升等级考核标准作为课程考核的重要指标，探索课程考核与岗位资格考核贯通，工作业绩考核、师傅评价与学习成绩的互认和衔接，逐步建立以行业企业为主导，以应用为目的的学校、企业、行业或顾客三方评价机制，促进中等和高等职业教育专业教学评价标准与评价主体的有效衔接。探索高职现代学徒制学生与企业培训员工技能水平评价的互认互通，推进以能力为核心的评价模式改革。建立适用于"学徒工学交替、岗位成才"的学徒自我评价、导师评价、校企评价和行业评价的质量管理体系，使现代学徒制学徒学业考核评价逐步形成制度化、规范化。

第四，训教过程管理的创新。校企双方要根据双方的实际情况共建现代学徒制的管理机构，负责组织、协调与管理工作。共同制定适应校企岗位训教，学徒工学交替、岗位成才需求的刚柔相济的弹性教学管理制度。对人才培养目标和结果认定标准采用"刚性"管理；对人才培养的方式、教学形式、管理方式和监控评价手段采用"柔性"管理。

总之，产业结构是人才培养模式选择的根据，专业性质和企业需求是选择实现方式与途径的依据。在实施现代学徒制时，我们应考虑当地的产业结构、专业性质；准确把握合作企业的利益核心点；努力争取地方政府的政策扶持；积极推进校企深度合作，加强内涵建设，将职业教育植根于企业之中，才能推进现代学徒制的顺利实施。

参考文献

[1] 石伟平, 翟海魂. 发达国家职业技术教育历史演进 [M]. 上海: 上海教育出版社, 2008: 209-212.

[2] 石伟平, 徐国庆. 世界职业教育体系的比较 [J]. 职教论坛, 2004 (1): 18-21.

[3] 关晶, 石伟平. 西方现代学徒制的特征及启示 [J]. 职业技术教育, 2011 (31): 77-83.

[4] 王丽敏. 西方国家职业教育发展趋势研究 [J]. 职业时空, 2006 (12): 69-70.

[5] 贺国庆, 刘向荣. 西欧学徒制的历史演变及现代意义 [J]. 河北师范大学学报: 教育科学版, 2011 (11): 64-68.

[6] 冯琳娜. 德国职业教育质量保障机制研究 [D]. 西安: 陕西师范大学, 2010.

[7] 徐瑾劼. 英国现代学徒制和澳大利亚新学徒制比较 [J]. 云南师范大学学报: 自然科学版, 2007 (3): 70-73.

[8] 郭晓丽. 澳大利亚新学徒制及给我国的启示 [J]. 长江大学学报: 社会科学版, 2010 (2) 325-326.

[9] 陈智强. 基于"定岗双元"的高职人才培养实践研究 [J]. 职业技术教育, 2010 (11): 67-70.

[10] 路宝利, 赵友. 职业技术教育视域下"师徒"传承文化研究 [J]. 职教论坛, 2011 (28): 92-96.

[11] 陈衍. 新余面临新考 [J]. 职业技术教育, 2011 (30): 4.

[12] 赵志群. 职业教育的工学结合与现代学徒制 [J]. 职教论坛, 2009 (36): 1.

[13] 李富. 不同产业结构国家职业教育的模式选择 [J]. 教育学术月刊, 2010 (3): 74.

现代学徒制人才培养的实践与认识[①]

清远职业技术学院　赵鹏飞

摘　要　本文从现代学徒制的内涵特征入手,对国内外现代学徒制实践情况进行了比较分析,得出了在我国推进现代学徒制是社会经济发展的必然要求,是职业教育人才培养模式改革与发展必然趋势的结论。我院探索实践现代学徒制的结果表明,在我国推进现代学徒制的关键点是:要实施校企联合招生、分类培养,校企共同管理、综合评价,产教融合、双证融通和双导师培养、学徒在岗成才。本文还针对我院推进现代学徒制中所遇到的问题提出了七点建设性建议。

关键词　现代学徒制　校企合作　工学交替　双元育人

《国务院关于加快发展现代职业教育的决定》中明确提出"开展校企联合招生、联合培养的现代学徒制试点,完善支持政策,推进校企一体化育人"为我国职业教育深化校企合作、工学结合,推进人才培养模式创新指明了方向。同时,这也是落实党的十八届三中全会关于加快现代职业教育体系建设,深化产教融合、校企合作,培养高素质劳动者和技能型人才精神的一项重要举措。在我国探索和建立现代学徒制,对提高职业教育质量,加快我国社会经济发展方式转变和产业结构调整具有重要的战略意义。

一、现代学徒制的内涵与特征

现代学徒制起源于联邦德国的职业培训,第二次世界大战后成为职业教育的主导模式,推动了德国社会经济的快速发展。后来被西方各经济发达国家所借鉴,并发展成为西方经济发达国家职业教育的主导模式。现代学徒制从字面上理解是"现代"与"学徒制"两个词的组合,但实质上,它是一种现代职业教育制度,是企业工作本位职业培训与学校本位学历教育的紧密结合,是产与教的深度融合,其核心要素与基本特征是校企一体化双元育人;学徒具有双重身份,工学交替,岗位成才。

现代学徒制架起了企业和学校联合培养人才的通道,使理论教育与技能培养有机结合,职业教育与产业发展对接,进而成为推动社会经济发展的核心动力,德国前总理科

[①] 基金项目:2012 年度广东省高职院校教育教学改革项目"现代学徒制人才培养模式的研究与实践"(A 类项目,编号:20120101015);2013 年度教育部职业教育与成人教育司委托项目"职业教育现代学徒制的实践探索——高职机电一体化专业、计算机应用技术专业、医疗美容技术专业"(编号:ZJGG130106)。本文发表于中文核心期刊《中国职业技术教育》2014 年第 21 期。

尔曾将双元制职业教育模式称为战后德国经济崛起的"秘密武器"。其强大的人才培养功能和效率令世人瞩目,因此,成为很多国家经济发展和人力资源开发的重要战略。

我国的探索与实践也表明,在社会经济发展转型与产业结构调整中,现代学徒制为企业岗位技术技能型人才的选、育、用、留开辟了新的途径,有效缓解了企业转型升级中招工难和高技能人才匮乏的难题,调动了企业参与职业教育的积极性,促进了学校与企业、专业与产业、学习场所与工作场所的融合,将职业教育内涵的发展落到了实处,提高了学徒综合素质与岗位技能,增强了职业教育对社会经济发展的服务能力;实现了学徒学习过程与职业生涯的融合,为中职毕业生和企业员工进一步提升构建了新的学习平台,拓展了发展空间。

二、现代学徒制国内外探索与实践现状

1. 国外开展现代学徒制的现状

20世纪西方经济发达国家政府高度重视现代学徒制,并有明确的法律、政策和制度上的支持与保障。现代学徒制一直处于不断的增长与创新之中,在不同的国家体制与背景下,其实现形式也不同,并形成了各国自身的特点。根据培养形式和学徒学习方式的不同,产生了德国"双元制"模式、英国的"三明治"模式、澳大利亚"新学徒制"模式、瑞士的"三元制"和美国"合作教育"模式等各具特色的模式。

西方经济发达国家的现代学徒制也有着共同的基本特征,国家战略层面具有完善的制度管理体系,形成了多元参与的利益相关者机制,形成了校企联合为主体、工学结合的人才培养模式。学徒具有合法的双重身份,教育培训具有统一规范的标准,形成了广泛性、综合性和开放性教育性质。同时,它们也具有明显的共同发展趋势:学徒的对象不断扩大,并从传统行业向广泛的职业领域扩张;学徒制项目层次呈现的阶梯化和模块化,在人才培养中注重基础理论与行业通用技能的培养;学徒制与正规教育系统正走向融合;出现相对成熟的第三方培训与中介机构。

2. 我国现代学徒制的发展与现状

1950年6月,国务院颁布《关于开展职工业余教育的指示》,1958年,我国形成了较完整的以企业为主体的学徒教育制度。随着20世纪80年代改革开放的不断深入,社会经济结构发生了变化,我国社会主义计划经济逐步转入市场经济,产业结构和企业生产方式发生重大变化,以企业为主体的学徒教育制度存在的深层次问题逐渐显现出来,如学徒涉及岗位过多、时间过长和学徒教育没有与职业资格证书和学历相结合等,这些使其发展受限。1989年,劳动部办公厅《关于印发〈学徒培训制度改革座谈会纪要〉的通知》中提出"应该逐步实行学校(培训中心)和企业相结合培训学徒工的方法",明确了学校和培训机构在学徒教育中的作用,标志着我国以企业为主体的学徒教育制度的终结。

20世纪90年代至今,我国以学校为主体的职业教育一直在探索校企合作、工学结合

的人才培养模式,并经历了顶岗实习、订单培养、工学交替等多种实现形式,培养了数以万计的技能型实用人才,为我国经济的高速发展做出了巨大贡献。但随着我国经济发展方式的转型和产业的调整与升级,学校本位的职业教育模式已不能很好地满足行业企业对岗位技术技能型人才的需求,其根本原因是人才培养过程没能真正实现产教融合。正如石伟平先生所指出的,无论教学内容如何先进,与生产服务第一线所应用的最新技术、最新工艺相比,总是有距离的;无论教学设备如何先进,与工业企业先进的最新机器、最新生产线相比,总是有距离的;无论学校的专业教师技能水平如何高,与生产一线的技术专家、操作能手相比,总是有距离的。只有通过产教结合,才能解决这些问题。

21世纪初,随着社会经济的发展,产业结构发生了重大的变化,推动职业教育创新发展,国内对"现代学徒制"进行了不同形式的探索与实践。例如,2006年江苏大仓健雄职业技术学院与德国企业合作,形成了本土化的"定岗双元制"高职学历人才培养模式;2010年6月,新余市委、市政府拟投资60亿元规划建设江西职业教育园区,在园区内构建新余市现代学徒制实验基地。清远职业技术学院、长春职业技术学院和浙江机电职业技术学院等学院的探索取得了一定的成效,积累了一定的经验。

与国外相比,在国家战略层面上我国尚未形成完善的制度管理体系、配套的扶持政策与制度、技术支撑框架等,这些深层次的问题是需要进一步探索解决的,我国现代学徒制的探索与实践还处于基础阶段。

三、推进现代学徒制的关键点

借鉴国外的成功经验,依据国内的探索与实践情况,目前在我国推进现代学徒制的关键点有以下四个方面。

(一)校企联合招生,分类培养

在现代学徒制人才培养中,校企联合招生实现学校招生与企业招工的融合是维护校企双方利益的根本保证之一,也是实现学徒双重身份的基本途径,建立校企共同管理的基础。分类培养既是贯彻因材施教原则的基本措施,是专业特点的要求,也是合作企业岗位用人的基本需求。

清远职业技术学院根据合作企业的不同要求、不同专业特点,校企合作共同招收三种不同类型与来源的学徒,实施不同的人才培养途径:一是计算机应用技术专业与高新技术企业(宇龙计算机通信科技有限公司)合作,招收应届高中毕业生,开设"宇龙班",采用校企"双导师"(企业师傅为学徒企业导师,学校老师为学徒学校导师)互渗交互培养,即学徒前两年学习以在校为主,校企导师交替上课,第三学年在岗培养,企业导师师带徒,学校导师辅导理论知识。二是机电一体化技术专业和医疗美容技术专业分别与英德海螺水泥有限责任公司和广东伊丽莎白美容健身有限公司合作,从员工中招收学徒,开设"海螺班"和"伊丽莎白班",采取"双导师"在岗交互培养,即学徒不脱离工作岗位，学校导师负责理论教学，企业导师师带徒训教。三是机电一体化技术专业与清远市美亚宝铝业有限公司合作，招收中职和往届高中毕业生，开设"美亚宝班"，实施"双导师"行业通用交互培养，即行业参与培养标准的制定，学徒第一学年校企交替培养，以学校为主，校企导师交替训教；第二学年在岗培养，以企业或行业导师"师带徒"为主，学校导师理论教学为辅。

（二）校企共同管理，综合评价

现代学徒制的学徒具有双重身份，有学习与工作的双重任务，在岗位工作中，他们是企业员工，享受企业员工待遇，他们需要遵守企业生产管理制度，接受企业的岗位考核；在学习时，他们是在校学生，具有在校学生同等责任与利益，要遵守学校的学习管理制度，要按照学校的考评制度接受学校的考评。所以，校企共同管理、综合评价是现代学徒制的客观要求，其重点需做好两件事：一是签订两份合同，即学徒与企业的合同、学校与企业的合同，明确学徒的双重身份和三方各自职责与权益；二是校企共同制定刚柔相济的教学管理制度，"双导师"聘任、培养制度和学徒学业考核评价制度等，并实施共同管理。

清远职业技术学院的具体操作是：学徒在岗学习主要由企业管理，在校学习主要由学校管理。学徒的综合考核包括以下两个方面。

一是课程考核，课程考核的具体办法与操作过程如图1所示。

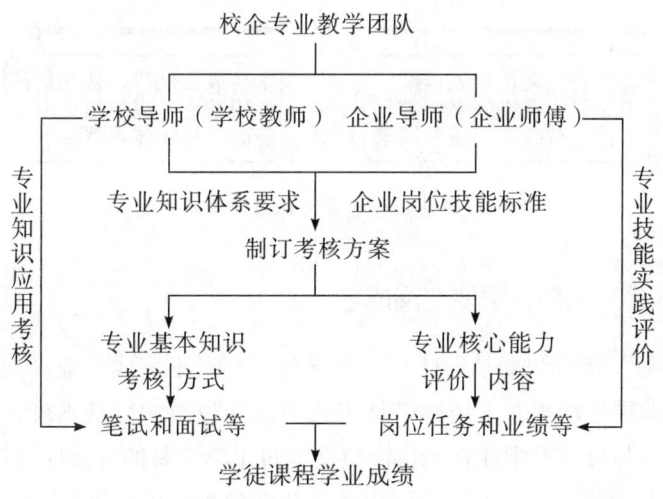

图1　学徒专业课程学业成绩"双导师"综合考核示意图

二是毕业综合评价。毕业设计的基本要求是基于工作岗位任务，针对完成工作任务中的实际问题设计毕业论文。实施的具体方法是：校、企导师和学徒共同研讨确定毕业设计题目，企业导师负责技术路线设计指导，学校导师负责基础理论的支撑、论文或设计格式的指导。学徒在校企"双导师"的共同指导下完成毕业论文或毕业设计。毕业论文或毕业设计的评价由校企和行业专家组成的评审组进行评审，优秀毕业论文或毕业设计在企业推广应用，并在清远职业技术学院校报公开发表。

（三）产教融合，双证融通

企业参与现代学徒制人才培养的根本利益点是解决企业转型升级中人才的选、育、用、留问题，解决这些问题的核心是要基于岗位工作任务培养企业用得好、留得住的人才，所以现代学徒制人才培养的专业设置、课程开发、培养过程和考核评价等都要基于学徒的工作岗位。要做到以上这些必须通过产教融合来实现。职业资格证书是学徒作为企业员工从事岗位工作的基本要求，学历证书是学徒作为学校学生提升学历与能力的根本凭证，所以双证融通是现代学徒制人才培养内涵的必然需求。

实现产教融合、双证融通的基本途径是：按照基于工作岗位任务、融入职业资格标准、兼顾学徒未来发展需求的原则，企业提出岗位能力需求、岗位任职标准与晋升考核标准；行业专家与职业院校教师共同制定专业标准；校企专业技术人员根据专业标准，按照岗位任务、工作内容制定课程标准，开发岗位专业课程，构建专业课程体系。清远职业技术学院的具体操作如图2所示。

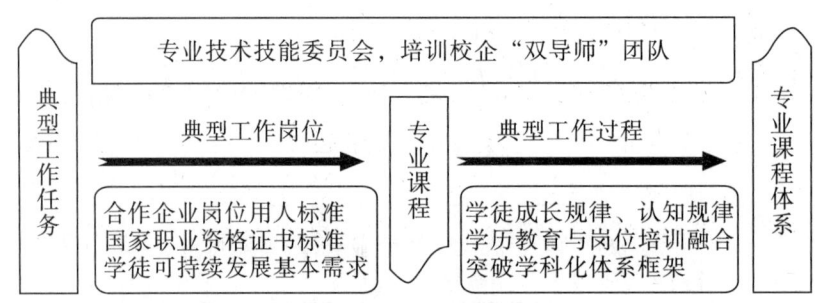

图2　专业课程与课程体系建设示意图

（四）"双导师"培养，学徒在岗成才

采用"双导师"培养制度是学徒在"双导师"指导下完成学业。岗位核心课程和企业文化课程由企业导师承担，采用师带徒方式实施岗位教学。基本理论知识和基本技术技能课程由学校导师授课。学徒在工作岗位上通过工学交替的方式完成学业。

清远职业技术学院在从企业员工中招生学徒课程教学的具体操作方法是，按照学院的现代学徒制"双导师"管理办法选聘、管理和培养"双导师"团队，并实施"双导师"在岗位授课，企业导师（师傅）担任企业的文化与企业技术与管理的核心课程教学内容，在学徒工作时间段，以师带徒的方式实施岗位教学；学校导师（教师）主要承担理论性课程内容的教学工作，在学徒工作以外时间段（主要是双休日），以送教到企业的方式，实施集中授课。校企医疗美容技术专业与广东伊丽莎白美容健身有限公司合作开办的"伊丽莎白班""双导师"分工协助共同完成教学任务如图3所示。

```
伊丽莎白——师傅              清职院——教师

培养岗位美容消毒卫生技能  ◄---►  病原微生物的结构生理

美容消毒卫生工作程序与操作的  ◄---►  病原的传播与控制，消毒灭菌的
    具体要求                        基本原理

指导学徒美容消毒的实际工作  ◄---►  设计一个美容消毒卫生方案

按照企业消毒工作标准考核  ◄---►  按照设计方案的要求考核

师带徒，岗位训教  ◄---►  在学徒业余时间，集体授课
```

图3　校企"双导师"协同合作实施交互教学案例示意图

此种教学方式收到了明显的成效，如计算机应用技术专业与宇龙公司合作的现代学徒制班，现有的三届毕业生，已成长为企业研发类岗位骨干，部分已走上了核心技术管理岗位，21人次申报国家发明专利31项。

四、实施现代学徒制急需解决的问题

现代学徒制在我国还处于探索起步阶段，还有许多问题亟待探索解决，主要是外部的政策环境问题、学校与企业内部环境问题，概括起来主要包括以下七个方面。

第一，招生制度改革。实施现代学徒制要推行学校招生与企业招工相结合的招生制度。给实施现代学徒制的职业院校更为灵活的、优惠的招生政策，目前的重点是尽快放开从合作企业员工中招生学徒的户籍限制。

第二，出台激励政策。国家应借鉴西方经济发达国家现代学徒制的相关激励措施，出台鼓励企业参与现代学徒制的优惠政策，如地方政府根据企业培养深造的人才数量适当减免税收，保护学徒在学习期间的合法权益等。

第三，协调教育部门与人社部门的关系。现代学徒制采用双证融通的人才培养方式，学徒毕业要双证书，即学历证书和职业资格证书。各级地方政府应协调教育部门与人社部门的关系，尽可能地把职业资格鉴定权下放到职业院校和企业。

第四，学徒的合法身份。在国外现代学徒制的学徒有明确的法律界定，企业必须根据法律保证学徒学习期间的权益。我国目前在法律层面还没有学徒的身份界定，学徒的合法权益没有法律保证。

第五，建立技术支撑。在德国、澳大利亚和英国有制定现代学徒制技术框架的专门研究机构，有国家相对统一的技术框架标准。如企业、培训机构的准入标准、管理与评价办法和培训包等国家和地方顶层设计。

第六，经费支持。在我国现代学徒制刚刚起步，国家的相关政策和法律还不健全，

实施现代学徒制还属于创新改革工作,为保证该工作顺利、有效地开展,应该以项目的形式推进现代学徒制的实施,同时给予项目经费支持。

第七,社会认同宣传。社会认同理论认为个体通过社会分类,要解决"我是谁"(Who am I?)和"社会自尊问题"(How good am I?)。较高的社会认同度既要自己认定,也要经得起外界通过对这一群体的相关对比分析,获得优于社会其他群体的认定。中国历史上一直存在"学而优则仕"的观念,在有相同文化背景的我国台湾地区,技术职业教育仍然不能得到社会的广泛认同。我国的职业教育为社会经济的发展做出了重大贡献,但仍未得到社会应有的肯定与尊重;以就业为导向、培养职业能力为根本的职业教育也未得到社会应有的尊重;对职业教育不是很了解的人们对现代学徒制产生怀疑,这也成为影响现代学徒制实施的一个内在因素。所以,在我国现阶段推进现代学徒制还应做好两个方面的工作,一是提升现代学徒制的人才培养质量,进而体现其职业教育的唯一性与不可替代性;二是加强对现代学徒制的普及教育与宣传工作,使现代学徒制这种人才培养模式得到社会广泛的知晓与认同。

总之,现代学徒制的双元岗位育人,能有效实现产教融合,职业培训与学历教育的融合,不但能创新高职人才培养的模式,提高人才培养质量,而且是提升新生代外来务工人员岗位职业能力与学历的最佳途径,有力推进农业转移人口市民化,对推进城乡一体化建设具有重要的意义。目前在我国实施现代学徒制还是一个新生事物,其发展过程遵守一定的基本发展规律,同时,在不同环境条件下也应有不同的实现方式。只要我们遵循基本规律,结合实际情况,因地制宜,现代学徒制一定能在我国生根、开花,并结出丰硕的成果。

参考文献

[1] 冯琳娜. 德国职业教育质量保障机制研究 [D]. 西安:陕西师范大学,2010.

[2] 王丽敏. 西方国家职业教育发展趋势研究 [J]. 职业时空,2006(12):69-70.

[3] 赵鹏飞,陈秀虎. "现代学徒制"的实践与思考 [J]. 中国职业技术教育,2013(12):38-44.

[4] 赵伟. 学徒制发展的历史逻辑和我国的选择 [J]. 中国职业技术教育,2013(10):33-37.

[5] 陈智强. 基于"定岗双元"的高职人才培养实践研究 [J]. 职业技术教育,2010(11):67-70.

[6] 陈衍. 新余面临新考 [J]. 职业技术教育,2011(30):4.

[7] 张莹瑞,佐斌. 社会认同理论及其发展 [J]. 心理科学进展,2006,14(3):475-480.

Innovative Apprenticeship in Qingyuan Polytechnic

Qingyuan Polytechnic, Qingyuan city, Guangdong Pengfei Zhao

Abstract: With the practice in Qingyuan Polytechnic as an example, the paper analyzes the innovative apprenticeship home and abroad, and explains the detail information of its characteristics. Respectively they are enterprise dual education, interactive training, on-the-job training, apprentice dual identity, alteration between working and studying, and being successful at work. By discussing the benefits and functions for the government, the enterprise, the school, and the apprentice, the paper brings forward the required connotation for the practice. It also offers suggestions on solving the problems of practicing the apprenticeship.

Keywords: the innovative apprenticeship; apprentice; personnel training; dual education; dual identity

Introduction

After decades of hard work and practice, the vocational education in China made great achievements and made a great contribution to the social development. With the gradual ending of population bonus, the extensive economic growth leads to some problems with the ecological environment and natural resources. The transformation of social economy, the promotion of industrial structure, and technology upgrading are badly needed for the economic growth in China. All the elements lead to tremendous changes with the demand of talents. In order to deal with the changes of the demanded talent, the current vocational education has to adjust the process of the personnel training and development. The innovative apprenticeship is one of the best choices for the adjustment. This is also an important measure for vocational schools accommodate the regional social development and economic growth.

1 Analysis on present situation

Traditional apprenticeship is a system of training a new generation of practitioners with a basic set of skills. Innovative Apprenticeship integrates the traditional one with the updated edu-

---

① 本文发表于2014语言、文学与教育国际研讨会（LLE 2014），被 EI/ISTP 收录。

cational theories, which advocate the co-op between enterprises and vocational schools. As a new style of personnel training, its basis is co-op, and its core is the combination between work and study. Its distinctive features are enterprise dual education and apprentice dual identity. The enterprise dual education means that the enterprise will not only make use of personnel, it also educates personnel. It regards the enterprise as an important element for vocational education, combining producing and teaching. The training is planned while working for an employer, while the learners enjoy the benefit of the enterprise. At the same period of field work, the theoretical education is also involved. After World War II innovative apprenticeship has been the main pattern of the vocational education for the western advanced countries. This fosters their rapid social development and economical growth. Considering its advantage, Chinese vocational schools are practicing the innovative apprenticeship based on the regular co-op programs.

1.1 Present situation of the international innovative apprenticeship

The innovative apprenticeship is originated in the Federal Republic of Germany's occupation training after World War II. Being the main pattern of the vocational education, it matches with the national system and the education system, resulting the rapid social development and economical growth in the Federal Republic of Germany. Then its success is recognized by many other countries. Today the western advanced countries highly emphasize the innovative apprenticeship. By the support of European Union, in 2006 INAP (International Network of Innovative Apprenticeship) was found by experts and scholars from different universities and institutions all around the world. According to its studying, the innovative apprenticeship changes a lot in different countries with different culture backgrounds.

Based on the personnel training and practicing, the innovative apprenticeship has four typical forms in the western advanced countries. The first one is the model named Modern Apprenticeship in British. The Government introduced Modern Apprenticeships in 1994. Employers who offer apprenticeship places have an employment contract with their apprentices, but off-the-job training and assessment is wholly or partly funded by the state for apprentices. For example, the British government only contributes 50% of the cost of training for apprentices aged 19 – 24, and employers of apprentices over the age of 25 may get only a contribution. During the process, there is an alteration between work and study. The apprentices work for the employer and then go back school. The cycle may repeat several times. It takes advantages of both schools and field training. The second one is Australian model. The model has been founded since 1970s. Australian apprenticeship covers all industry sectors in Australia and is used to achieve both "entry-level" and career "up-skilling" objectives. Australian apprenticeship can be full-time, part-time or school-based. Australian State and Territory Governments may provide public funding support for the training element of the initiative. In Australia, apprentices and trainees spend 80% of the time working for the employers, and 20% of the time studying in TAFE (Technical and Further Education). Its curriculum pays attention to both the professionalism and the practicality, integrating the field work with classroom teaching. The third model of innovative apprenticeship is in Switzerland. It looks similar to Germany and Austria. But it is ternary, integrating enterprise, school and industry training center together. The enterprise provides the apprentice position. The school and industry training center set up teaching standard and both train apprentices. The training quality is supervised by the industry. For the apprentices, they need to spend 1 or 2 days a week in school studying general courses and theory knowledge, and 3 or 4 days a week in enterprise working as regular staffs. They also need to spend 1 or 2 weeks a term in industry training centers studying cross-industry knowledge, as a supplement to what seems insufficient from the enterprise and school. Here the industry has been considered as an important element for the personnel training. The fourth one is the co-op model in U.S.A., which is very popular for combining work with learning. The apprentice has to achieve ability objectives set by the specific industry. And the ability objectives may be divided into several sub-objectives. For example, the construction industry is perhaps the heaviest user of apprenticeship programs in the United States. Most of these apprentices participated in what are called "joint" apprenticeship programs, administered jointly by construction employers and construction labor unions. The International Union of Painters and Allied Trades (IUPAT) have founded the Finishing Trades Institute (FTI). And the FTI works towards national accreditation to offer associate and bachelor degrees, integrating academics with a more traditional apprentice programs. With the co-op model, the apprentice has much more choices for their study and work. With this co-op mode, the apprentice, education service provider and enterprise are partners together, but with its own specific responsibility.

Being the main pattern of the vocational education for the western advanced countries, the innovative apprenticeship is not static. It is dynamic but it is originally based on the German "Dual System". National law and policy are the fundamental guarantee of the innovative apprenticeship so that both the enterprise and school can work actively together for the whole process of personnel training.

1.2 The innovative apprenticeship in China

With requirements from both the social development and the development of vocational education, many Chinese schools work hard with different forms of the innovative apprenticeship. Here are some examples. In 2006 CSIT (Chien-shiung Institute of Technology) in Jiangsu province worked together with enterprises in Germany. It tried a form named dual system of fixed position and customized the localization. In 2010 the Xinyu city in Jiangxi province set up the experiment base of Xinyu innovative apprenticeship. In 2011 Beichang Advanced Vocational

School in Jiangsu began its own apprenticeship with secondary-level vocational education. Guangzhou Technician School began non-academic training for its mechanic education. All these examples obtained some success and gathered some experience.

Comparing with the practice in western advanced countries, the innovative apprenticeship in China is still in the primary stage. First, although the state and local governments emphasize vocational education, there is no specific law and policy to support the apprenticeship. Second, the dual identity is not realized legally for school-based apprentices. Third, vocational training and non-academic education can not go together effectively. Fourth, the innovative apprenticeship in China can not totally satisfy the human resource market. It also can not satisfy all for both the enterprise and the apprentice. This is the reason not to fully bring the enthusiasm of the enterprises with the practice of apprenticeship.

2 The practice in Qingyuan Polytechnic

As a vocational school in South China, Qingyuan Polytechnic began co-op between school and enterprise ten year ago. The three stages since then are internship, order training, and co-op training base. Today the innovative apprenticeship is the focus of the school. Now it is the main pattern for personnel training in the school. The co-op style has been developed from the loose stage to the close stage. During the practice, we have a lot of surveys with the well-known enterprises to see how to fully satisfy their requirements. According to the survey, there are many different factors showed that, after 30 years economic reforming in Guangdong province, the enterprises have to upgrade themselves because of the social development. This includes not only the transformation of social economic, but also the structural adjustment and the technological upgrading, which change the requirement of the human resource. A great many enterprises realize the change and they have active plans of on-the-job training and continued education. In order to solve the problems of their employment and technicians training, some large-scale enterprises voluntarily work together with the polytechnic. All these elements urge the school to work hard with innovative apprenticeship.

2.1 The practice of the apprenticeship in the school

Considering different enterprises, professional characteristics, and school enrollment, the school have co-op with hi-tech enterprises, modern manufacturing enterprises, and service industry enterprises. Following are the three kinds of co-op with the apprenticeship.

(i) The interactive co-op with hi-tech enterprises.

Recently the hi-tech enterprises develop rapidly with the adjustment of industrial structure. The development is so fast that is hard for the system of personnel training in schools to follow. Schools can not provide enough personnel for hi-tech enterprises. The first reason is that hi-tech enterprises like to keep their business secrets and technology secrets. It is impossible for the schools to share the updated information to train their students. The second reason is that technology renews faster than ever before. The graduates from technology schools have to learn much more knowledge than the graduates decades ago. This is hard for teacher and students. Normally the hi-tech enterprises ask their new employees to become skill workers in less than 1 year. The training for the change is difficult and costly, not only to the enterprise but also to the schools.

According to the requirements, Qingyuan Polytechnic has a co-op with Yulong Tele-communication Ltd., which is a leading enterprise of smart phone in China. We both agree to the training plan with the game development for mobile phones. After the national university entrance examination, students go to the school and there is a three party agreement signed by the students, the enterprise, and the school. The school and the enterprise work together to meet the urge need of personnel training for software developing & testing.

For the first two school years, the curriculum is set mainly by the industry standard provided by the school and the enterprise. The school teaching includes books knowledge and basic skill. For the first one and half years engineers of the company teach some subjects about the enterprise culture and skill practice, and another half year the engineers teach students internship skill. In the third school year, the students have to sign an internship agreement with the company, enjoying all the same benefit as the normal employees. Based on the requirements of specific positions and the unique situation of students, the company chooses their best technicians as the mentors for the students. Then there is a specific training plan for the one-on-one mentoring. The company periodically evaluates the effect of the training to achieve the expected goal. At the same time full-time teachers from the school work together with the students. When finding something new to students, they will teach the new theory to the students at nights or on weekends. In accordance with the standard of the industry, the school will accept the company evaluation as the academic achievement for students, and the students can work for the company after they graduate.

After years of hard work, three batches of Yunlong Innovative Apprenticeship Class graduate from the school and become the main force of the company. Some of them are elevated to administrators. And 21 of them have applied 31 national patents for their inventions. Now the company actively takes part in the innovative apprenticeship because it recognizes that the plan can solve the shortage problem of high-tech talent, which bothering the company for a long time.

(ii) The on-job training for manufacturing and service industry.

With the enterprise transforming, there is talent shortage with the manufacturing and service industry. On one hand the industry needs a lot of skilled workers for their front-line positions.

On the other hand a lot of workers with low education and low skills face unemployment, even though the companies do not want to lose some experienced workers. And the workers look forward to improve themselves. For the personnel shortage problem, Hailuo Cement Co. Ltd. in Yingde city and Elizabeth beauty and fitness Co. Ltd. in Guangzhou city take the initiative of personnel training with Qingyuan Polytechnic.

By the autonomous enrollment, the current workers in the enterprises become students directly so the apprentices naturally have dual identity, including the student and staff identity. The personnel training program and the curriculum are developed by both sides. The teams of teachers and mentors are also appointed by both sides. The apprentices get on-duty training. This is called alternation between work and study, merging together with the administration of the enterprises and the school.

During the practice, Hailuo Cement Co. Ltd. gets skilled labor. It is the multi-wins for the enterprise, the school, and the staffs. The enterprise improves comprehensive competitiveness when the staffs improve their quality, after the staffs raise their sense of identification and belonging with the enterprise. The school can service the community better and more. The staffs are more confident with their future. Elizabeth beauty and fitness Co. Ltd. also realizes the alternation co-op is a good path for the vocational education.

(iii) The alternation co-op with other industries

The Aluminum Association in Foshan city is one of the biggest among the Chinese NGO (None-Government Organization). It products more than 30% of the national annual production. Meiya Aluminum Co. Ltd. in Qingyuan city is one of its largest branches. It needs to upgrade itself by technology.

In 2012 the company and the school signed a co-op agreement for the innovative apprenticeship. The school enrolls perspective apprentices from the secondary vocational students and then the apprentice gets dual identity automatically. Considering industry standard, the occupation qualification standard, and the enterprise requirement, the personnel training program is developed by both sides, the apprentices are educated by both sides. In the first school year, students study basic theory knowledge. They also practice field work. In the year the enterprise sends advanced administrators and skilled worker to teach subjects related to the enterprise background. In the second year the enterprise find the right position and mentor for every apprentice. The on-duty training is evaluated by the enterprise standard. During the training, the apprentices have the same benefit as the staffs and they make decisions for their future careers. This model of innovative apprenticeship tries the best for the enterprise to educate its required talents. And it may provide talents for small businesses without their own mentors and talents.

2.2 Achievements and problems with the apprenticeship

(ⅰ) The achievements.

By the co-op of both the enterprise and the school, we draw the preliminary conclusion that the model of the innovative apprenticeship needs to change with different enterprises, different enrollments, different apprentices so that the right personnel can be provided for the human resource market. The practice is highly appreciated by the co-op enterprises. The first reason is that the apprenticeship provides their required talents. The second reason is that it is a multi-win for the enterprise, the school and the staffs. The third reason is that the enterprises have the same idea of personnel training as the school. And this helps each other create a long-term co-op.

(ⅱ) The problems.

The first problem is the residence registration for the apprentices. According to the policy of Chinese autonomous enrollment, without local residence, the perspective apprentices are not allowed to take the entrance examination and then study in the school. In Guangdong province 80% of the employees do not have the local residence. It means they do not have the opportunity to become the apprentices in the local vocational schools. And it is impossible for the enterprises improve their staffs quality. The enterprises may lose enthusiasm with the apprenticeship.

The second problem is the apprentices how to get the dual identity. For getting employee identity for the full-time students, usually an agreement is signed by the apprentices, the enterprise, and the school. Although with the agreement the apprentices are the legal employees, they are not the permanent employees of the enterprise. The dual identity needs to be re-defined according to the international standard and the Chinese reality.

The third problem is how to raise the enthusiasm both for the enterprise and for the school. In China the apprenticeship is still in its beginning stage. During the practice, there are not specific national law and policy to deal with problems for apprentice, the enterprises, and the schools. Especially for the schools and the enterprises, they have to take a lot of challenges and settle a lot of disputes by themselves. This is costly and has negative effect for both sides.

3 Suggestions on the apprenticeship

After a long time of hard work, the innovative apprenticeship is regarded as a good thing for both the enterprise and the school. They work together to create the dual education. Vocational education has to follow the enterprise requirements. And apprenticeship is one of the best paths for the vocational education to go. We also realize that the fundamental driving force for the apprenticeship is to upgrade labor skills, resulted by the structural variation of human resource market and the movement of labor force. The practice of apprenticeship makes the movement of labor force reasonable, promoting the harmonious development of society. The key to practice apprenticeship is to take care all 4 participators, including the government, the enterprise, the school and the apprentice. And a long term co-op will benefit all the 4 participators.

Following is the table to show the benefit and the function for the 4 participators.

Beneficiary	The benefit	The function
Government	Upgrade the labor quality, promote the harmonious development of society	Set specific law and policy to insure the apprenticeship develops in the right path
Enterprise	Get financial aid from government, get quality and affordable labor, and get technical support from colleges	Provide co-op positions & benefit for apprentices. Take part in all the process of personnel training
School	Get financial aid from government, share education resource with enterprises, expense enrollment, and upgrade education quality	Organize, coordinate and commit the practice of innovative apprenticeship
Apprentice	Get financial aid, learn practical skills, and become a good citizen for the society	Need to study and work hard to upgrade the quality

Based on the above analyses, two things are needed for the innovative apprenticeship. One is policy and the other is connotation.

3.1 Suggestions on the policy

First, specific law and policy for apprenticeship are needed to set up as soon as possible. This is the basic for the innovative apprenticeship. Because the advanced countries are successful with the apprenticeship, we can draw on their experience, such as " the two-element pattern" for vocational education in Germany. The countries have a lot of preferential policies to support the practice. The tax, the insurance, and different kinds of financial aids are visible help to the innovative apprenticeship.

Second, all administrative agents should encourage the experiment of the innovative apprenticeship by funding and policy. And the local government should allocate more educational funds to support the innovative apprenticeship.

Third, the experts of education, law, and public administration have to work together based on the social development. After amending the education and law clauses, the innovative apprenticeship should have a bright future.

3.2 Suggestions on the connotation

The school and enterprise have to pay attention to connotation construction based on both co-op. Considering many requirements of dual education, interactive training, on-the-job training, apprentice dual identity, alteration between working and studying, and being successful at work, etc., the followings problems are what we need to take care of when we think about connotation construction.

The problem is how to form an effective team for apprenticeship. The members need to have double qualification. They teach not only book knowledge, but also the knowledge of field work. It is obvious that the team should have a series of ability to do the following jobs, such as analyzing vocational posts, developing vocational curriculum, administrating and accessing apprentices' achievement, etc. All these elements need the teachers in the school have the certificate of field work, and the mentors in the enterprise have the teacher certificate. Furthermore, the school teachers sometimes should work as technicians for the technical support, and the enterprise mentors sometimes teach more subjects than the former. More teachers and mentors are required because there are much more practical subjects for the innovative apprenticeship than traditional education.

The second problem is how to deal with the on-duty training problem. It needs the co-op of both sides to decide the method of personnel training, develop the curriculum, evaluate the training effect, and many other things related to the apprenticeship.

Conclusion

Because the personnel training is based on the industrial structure and the enterprise requirements, the innovative apprenticeship can not be copied and transplanted directly for the success. The benefit of the enterprise, the specific law and policy, and something more have to be considered comprehensively. Deepening the co-op with enterprises and strengthen the connotation construction for vocational schools are the key to the success of the innovative apprenticeship.

References

[1] The Construction Chart Book: The US Construction Industry and its Workers [M] 5th ed. California: CPWR – The Center for Construction Research and Training, 2013.

[2] Weiping Shi, Guoqing Xu. The Comparative Study for Vocational Education System in the World [J]. The Forum of Vocation Education, 2004 (1): 23 – 25.

[3] Liming Wang. The Trend of the Development of Vocation Education in Western Countries [J]. Occupation Space, 2006 (12): 71 – 72.

[4] Guo Qing, Xiangyong Liu. The Meaning and Development of Apprenticeship in West Europe [J]. Journal of Hebei Normal University, 2011 (11): 66 – 70.

[5] Linna Feng. Study of Security Mechanism for German Vocational Education [D].

LinFen Shanxi Normal University, 2010.

[6] Jinji Xu. Compare the Apprenticeship in England and Australia [J]. Journal of Yunnan Normal University, 2007 (3): 74-77.

[7] Xiaoli Guo. The Enlightenment of Australian Apprenticeship [J]. Journal of Changjiang University, 2010 (2): 337-338.

[8] Zhiqiang Chen. Study of Personnel Training Based on the Dual Education [J]. Vocational and Technological Education, 2010 (11): 69-70.

[9] Baoli Lu, You Zhao. Research on Culture Transferring for Apprenticeship [J]. Forum of Vocational Education, 2011 (28): 94-98.

[10] Yan Chen. How to Face Examination [J]. Vocational and Technological Education, 2011 (30): 6.

[11] Zhiqun Zhao. Integration of Work & Study and Innovative Apprenticeship [J]. Forum of Vocational Education, 2009 (36): 3.

[12] Fu Li. The Right Model of Vocational Education for Different Industrial Structure [J]. Journal of Education, 2010 (3): 74.

现代学徒制专业课程体系构建的探索与实践[①]

清远职业技术学院　陈秀虎[②]　谌　俊　刘元江　吴　琼　赵鹏飞　傅润红

摘　要　现代学徒制专业课程体系构建是实施现代学徒制教学的前提与基础条件。本文从构建现代学徒制课程体系构建的主要依据和基本要求入手，重点分析了现代学徒制专业课程体系基本组成以及构建方法，为我国现代学徒制课程体系的构建提供典型案例，对推动我国现代学徒制内涵建设具有重要意义。

关键词　现代学徒制；课程体系；课程模块；技术技能

课程是指学校学生所应学习的学科总和及其进程与安排，是课程体系构建中的最小单元。课程体系是指在一定的教育价值理念指导下，将课程的各个构成要素加以排列组合，是育人活动的指导思想，是实现人才培养目标的载体，是保障和提高教育质量的关键条件。课程体系主要由特定的课程观、课程目标、课程内容、课程结构和课程活动方式所组成，其中课程观起着主宰性作用。我国的现代学徒制刚刚起步，没有完备的政策支持，顶层设计也未形成，一些关键性问题有待探讨解决。现代学徒制有利于促进行业、企业参与职业教育人才培养全过程，实现专业设置与产业需求对接，课程内容与职业标准对接，教学过程与生产过程对接，毕业证书与职业资格证书对接，职业教育与终身学习对接，提高人才培养质量和针对性。因此，现代学徒制的课程体系需要解决工学交替、岗位成才的问题。

一、现代学徒制课程体系构建的主要依据

（一）我国高职人才培养目标

《国家教育事业发展第十二个五年规划》明确提出：高等职业教育重点培养产业转型升级和企业技术创新需要的发展型、复合型和创新型的技术技能人才。《中共中央关于全面深化改革若干重大问题的决定》明确指出：加快现代职业教育体系建设，深化产教

[①]　基金项目：2013年教育部职成司"职业教育现代学徒制理论研究与实践探索"委托课题（编号ZJGG130106）；2013年教育部职成司"职业教育专项政策"课题（编号29）；2014年广东省高等职业教育教学改革项目（编号201401278）；2014年广东省教育体制综合改革专项资金资助项目。本文发表于中文核心期刊《中国职业技术教育》2015年第21期。

[②]　陈秀虎，男，河南信阳人，硕士，副教授。主要研究方向：现代学徒制。

融合、校企合作，培养高素质劳动者和技能型人才。《国务院关于加快发展现代职业教育的决定》的总体要求进一步明确了高职的人才培养目标：坚持以立德树人为根本，以服务发展为宗旨，以促进就业为导向，适应技术进步和生产方式变革以及社会公共服务的需要，培养数以亿计的高素质劳动者和技术技能人才。

不同时期高职的人才培养目标有所不同，其核心内容有三个方面，即职业素养、专业技术知识和岗位职业技能。

（二）国际通行的人才培养标准

在西方经济发达国家，各国的职业人才培养标准有所不同，但基本要求相似，如英国是西方经济发达国家开展现代学徒制最好的国家，现已建立较为完备的国家技术标准体系，接受现代学徒制人才培养的学徒必须同时具备四个基本条件才能毕业。第一，学徒必须通过专业理论知识学习和专业基础技术技能训练，达到一定专业技术标准，类似于我国学徒毕业修满一定学分获取毕业证书。第二，学徒通过职业资格认定考试，获取与专业相关的职业资格等级证书。第三，学徒通过通识课程学习，获取或达到必需的学习能力、沟通协调、与人合作、信息处理能力等通用能力标准。第四，学徒必须遵守政府制定的保障学徒的权利和明确学徒责任义务的相关法规，学徒需履行对企业的责任与义务。在我国通过企业与学徒、学校与学徒签订现代学徒制的培养协议，确保学徒的合法权益。比较发现，英国的职业人才培养标准与我国高职人才培养目标具有一致性。

二、现代学徒制专业课程体系的基本组成

现代学徒制专业课程体系构建的基本单位是课程，组织结构单位是课程模块。依据我国高职高专人才培养目标，将现代学徒制课程体系分为四个模块：职业素质养成课程模块、专业技术技能基础课程模块、岗位（群）技术技能课程模块和学徒个人职业发展需求课程模块。

（一）职业素质养成课程模块

本模块的培养目标是：以社会主义核心价值观为基础的职业素养（包括职业道德、职业态度和职业行为），相当于英国的通用基础课程。设置此课程模块注意与企业文化相结合。缺少企业文化，社会主义的价值观失去了载体。个人的价值实现一定要基于工作岗位。

职业素质养成课程模块主要能让学徒学习和感受职业素养的内涵，体会职业素养的重要性，为学徒未来的职业规划、职业定位打下良好的基础，具备一定的通用的职业能力。主要包括"两课"、英语、常用办公软件和企业公文写作等，"两课"课程教学内容必须按照教育部的相关规定制订教学计划，但教学方式可以灵活多样；其他课程的教学内容、授课方式、考核手段等可以根据企业的实际情况灵活掌握，如设置企业文化课、

企业安全教育、沟通技巧、团队合作等课程。

（二）专业技术技能基础课程模块

本模块的培养目标是：培养学徒掌握同一行业的基础专业技术技能，即不同企业所共同需要的专业技术技能，学会用知识解决问题的能力。

本模块需要从岗位职业能力分析入手，基于多个企业的同类岗位，以大型先进企业为基础，适应于培养人才在行业的通用性。专业知识一定要建立在为岗位工作服务的基础之上，只有这样才能达到学以致用的目的。

专业技术技能基础课程模块构成应包含相对完整的专业学科基础理论知识体系和基本技术技能，是以行业工作岗位通用的工作任务和职业基础能力为依据，进行课程设置，开发教学内容，编制课程标准。该模块所有课程为必修课，每位学徒必须通过专业技术技能基础课程模块中的每门课程考核，获取全部的学分。

（三）岗位（群）技术技能课程模块

本模块的培养目标是：培养学徒掌握合作企业具体岗位的技术技能。

以企业具体岗位的核心能力、合作企业岗位用人标准为依据，以职业资格考试为参考，开发至少两个岗位方向的技术技能课程组合模块，供学徒进行选择，课程以师带徒岗位培养为主。

要从合作企业岗位职业能力分析入手，培养某个企业的特殊的岗位能力。依据岗位类型设置相应的课程模块。在课程体系中可有几个课程模块，学徒可以自选，解决企业多岗位的需求。

（四）学徒个人职业发展需求课程模块

本模块的培养目标是：根据学徒的兴趣和职业取向，培养学徒适应职场变化的能力。学徒根据自身职业发展，自由选择课程，由校企联合委派企业师傅，以师带徒的方式，实施在岗的个性化培养。

三、现代学徒制专业课程体系构建的基本要求

（一）满足行业对专业人才的基本需求

很多年轻人喜欢干有挑战的工作，因此不愿接受企业员工"终身制"这种制度，学徒未来工作的企业存在较大的迁移性。课程体系的构建不能单一以某一个企业岗位职业能力需求为依据，而应符合整个行业系统通用和公认的专业理论知识和基本技术技能，需对该培养要求设置相应的课程模块，课程范围应体现"宽"而不"深"，培养的学徒具有行业通用的基础职业能力，以此满足行业对专业人才的基本需求。

（二）满足合作企业岗位用人的基本需求

学徒的培养必须以具体合作企业为落脚点，合格的学徒应能胜任合作企业的岗位工作任务，课程体系的构建应能满足合作企业岗位用人的基本需求，符合某一合作企业或某几个合作企业所需的职业专长。满足的途径是开发基于合作企业岗位工作任务的专业课程，企业才能参与专业课程的开发、企业导师才能完成师带徒教学，课程考核必须基于岗位工作业绩，才能真正实现企业对教学管理、质量监控，实现企业参与人才培养的全过程。

（三）适合校企联合培养的基本要求

《国务院关于加快发展现代职业教育的决定》中，提出推进人才培养模式创新，开展校企联合招生、联合培养现代学徒制试点。校企联合培养是现代学徒制教学实施的主要方式，课程体系的构建、课程的开放、课程教学的实施，应由校企组建的"双导师"团队共同完成，课程体系中每门课程的授课方式应多样化，能充分按照校企联合培养的要求实施。

（四）充分考虑学徒的个人发展需求

现代学徒制能正常实施需签好"三份协议"，即学校与企业、企业与学徒、学校与学徒的协议。构建课程体系也应能充分考虑学徒的个人发展需求，设置拓展课程模块，学徒根据自身职业发展规划，从中自选相应的课程。

四、现代学徒制专业课程体系构建的基本方法

（一）构建的切入点

通过开展行业和合作企业需求调研，明确行业通用岗位和合作企业岗位需求，以岗位职业能力分析作为现代学徒制专业课程体系构建的切入点，分析行业通用的岗位基础职业能力和合作企业岗位（群）核心职业能力。通过对具体岗位（群）的工作过程进行分析，确定岗位群的工作任务和工作内容，对每项工作任务进行职业能力分析，对分析的结果进行排序、归纳和合并，提炼出岗位（群）的通用基础职业能力和核心职业能力。

（二）专业课程开发与课程模块组织

基于工作岗位（群）的职业能力分析结果，结合合作企业岗位用人标准和国家职业资格证书标准，兼顾学徒的可持续发展基本需求，按照岗位工作过程设置或开发基于岗位工作任务的专业课程，流程见图1。适用于行业通用岗位需求的课程和岗位基础能力的课程组合成专业技术技能基础课程模块，满足合作企业用人岗位（群）需求的课程组

合成岗位（群）技术技能课程模块，考虑学徒个人兴趣爱好和职业可持续发展基本需求的课程组合成个人职业发展需求课程模块。

```
                         主要的工作岗位分析
          ┌──────────────────────────────────────────┐
          工作岗位1 ── 工作岗位2 ── 工作岗位3 ── 工作岗位4
     岗    工作任务1    工作任务1    工作任务1    工作任务1
     位    工作任务2    工作任务2    工作任务2    工作任务2
     工    工作任务3    工作任务3    工作任务3    工作任务3
     作    ……          ……          ……          ……
     过    工作任务n    工作任务n    工作任务n    工作任务n
     程    研究开发 ───────────────────────────► 毕业设计
```

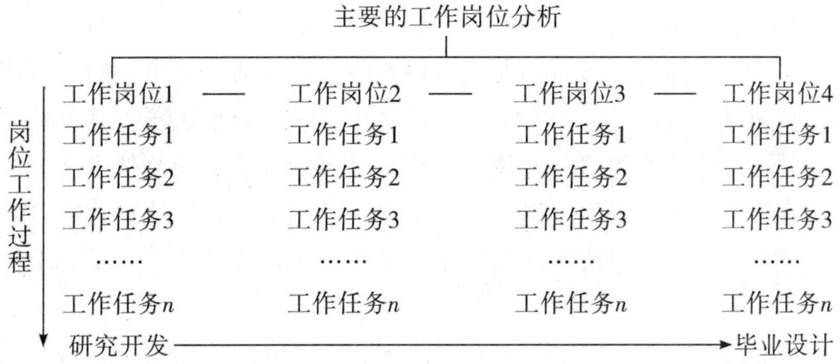

图1　专业课程与专业课程体系构建路径示意图

现代学徒制的课程实施采用"双导师"联合授课制度：职业素质基础养成课程模块和专业技术技能基础课程模块，采取导师组负责制，主要由一名学校导师，若干名企业导师组成，以学校导师为课程负责人，主要负责课程理论教学与组织协调工作，企业导师以师带徒的方式负责课程岗位技能教学与考核；岗位（群）技术技能课程模块和个人职业发展需求课程模块以师带徒的方式进行岗位培养。

（三）专业课程体系的构建

依据学徒成长规律和认知规律，注重学历教育与岗培训教相融合、教学过程与生产过程的结合，打破学科框架体系框架，构建基于岗位（群）工作过程的专业课程体系。专业课程体系构建步骤：第一步，专业岗位调研，明确专业所服务的主要岗位（群）。第二步，专业岗位任务分析，确定主要岗位（群）的具体工作任务和工作流程。第三步，岗位职业能力分析，明确每个岗位工作任务所需的基本知识与技能点。第四步，依据工作过程设置或开发专业基础课程，构建岗位技术技能基础课程模块。第五步，根据合作企业岗位用人的特殊需求，设置或开发专业企业课程，构建多个可供学徒自由选择的岗位（群）技术技能课程模块。第六步，设置不分专业的职业素质课程，包括"两课"，构建职业素质基础课程模块，并设置学徒拓展课程模块，组成专业课程教学构成表。第七步，按照企业的生产或工作过程确定开课次序，以构建成专业课程教学进程表。

现代学徒制课程教学构成表中每门课程的授课方式主要分为四种：集中讲授、企业培训、任务训练和岗位培养。集中讲授主要以班级为单位在企业教学点进行集中理论教学；企业培训主要是企业专题讲座、企业生产岗位或实训场地等场所的实操演示；任务训练主要是课程中设计的若干个训练任务，学徒在岗位工作中独立完成的任务训练；岗位培养主要是在企业岗位进行的师带徒教学方式，是以学生为主体、企业导师指导的实践教学。现代学徒制课程教学进程表按照岗位工作过程的先后次序设置课程的上课时间，其中职业素质养成课程贯穿于四个教学学期。教学进程表中需明确每门课程的考核要求，课程的考核一般由理论考核、任务训练考核和岗位培养考核共同组成，具体考核成绩的比重由"双导师"团队自行设计。

总之，以培养高素质人才为目标，分析行业所需职业核心能力，构建职业素养课程模块；以培养技术技能实用型人才为目标，通过行业通用专业基础能力和岗位（群）职业能力分析，开放专业课程组建专业技术技能基础课程模块和岗位技术技能模块；兼顾学徒的个人兴趣和未来职业发展，组建个人职业发展需求课程模块。这种打破学科体系课程体系的构建方法，对于当前我国现代学徒制试点的课程体系改革具有十分重要的指导意义。

参考文献

［1］崔颖. 高校课程体系的构建研究［J］. 高教探索，2009（3）：88－90.

［2］赵鹏飞. 现代学徒制的探索与实践［J］. 中国职业技术教育，2013（10）：38－43.

［3］赵鹏飞. 现代学徒制人才培养的实践与认识［J］. 中国职业技术教育，2014（21）：150－154.

［4］赵鹏飞，陈秀虎. "现代学徒制"的实践与思考［J］. 中国职业技术教育，2013（12）：38－44.

［5］孙元政. 英国职业教育的精华与借鉴［J］. 辽宁高职学报，2011（7）：1－4.

［6］李怀康. 专家视野：职业核心能力开发报告［EB/OL］. ［2011－04－19］. http://www.chtc.net.cn.

理 论 篇

如何调动企业参与职业教育积极性[①]

清远职业技术学院　赵鹏飞　陈秀虎

导读：清远职业技术学院结合自身实际情况，克服了探索与实践中的诸多困难与问题，实现了校企联合招生、联合培养的基本要求，总结出"校企双元育人（双主体育人）、交互训教、在岗培养；学徒双重身份、工学交替、岗位成才"，具有地方特色的现代学徒制人才培养模式。

清远职业技术学院是广东省经济欠发达地区的地方性高职院校。2009年，在校企合作、顶岗实习和订单式培养的基础上，学院计算机应用技术专业（手机游戏设计与开发方向）开始探索具有现代学徒制"双元育人、在岗培养，双重身份、岗位成才"基本特征的人才培养模式。2011年，学院2个专业开展现代学徒制试点工作，2012年，正式招生开班上课；2013年，成为教育部开展职业教育现代学徒制理论研究与实践探索工作的成员单位；2014年，分别与企业、行业和政府职能部门合作，招收三类生源，在6个专业探索实施现代学徒制，专业涉及高新技术产业、现代制造业、现代服务业和现代农业等。经过几年探索，学院的现代学徒制实践工作取得初步成效，并得到合作企业的充分肯定和社会较为广泛的认可。

一、校企联合招生，双导师培养学徒

根据校企合作伙伴的特点和招生生源的不同，采取三种不同的招生方式和培养形式，目前采用三种不同的途径探索现代学徒制。

招收应届高中毕业生，实施联合分段培养。2009年，宇龙计算机通信科技有限公司主动与学院计算机应用技术专业（手机游戏设计与开发方向）签订校企联合培养协议，在原有顶岗实习的基础上，校企共同探索与实践准现代学徒制育人模式。基本的运作方式是，以统一招生的方式招收全日制应届高中毕业生，合作企业提出同等条件优先录取标准，并介入招生录取工作。前两学年以校为主，采用校企"双导师"团队交互训教的方式实施在校培养；第三学年以双向选择的方式，学生与企业签订在岗培养协议书，成为正式学徒，享受企业员工待遇，并以企业培养为主，校企双方委派"双导师"在企业实施多岗位在岗培养。

招收往届高中毕业生和中职毕业生，联合交替培养。2012年，清远市美亚宝铝业有

[①] 本文发表于《中国教育报》2014年10月31日。

限公司与学院机电一体化技术专业签订合作办学协议，招收往届高中毕业生和中职毕业生，实施联合交互培养。校企双方根据行业标准和国家职业资格标准，在行业的指导下，共同制订人才培养方案，共同培养学徒。第一学年，以学校为主，采用在校学习和企业见习交替的方式培养学徒；第二学年，企业落实学徒的工作岗位，以企业为主，采用企业导师岗位师带徒、学校导师理论辅导的方式进行多岗位在岗培养。

招收企业员工，联合在岗培养。学院医疗美容技术、机电一体化技术和材料工程技术专业与企业合作，校企联合自主招收合作企业员工；生物制药技术专业与连锁企业（大药房连锁店）合作，招收连锁药店员工；农业技术与管理专业和清远市农村工作委员会、市委组织部合作，招收乡镇农业技术与管理人员，实施联合在岗培养。校企通过自主招生方式招收学徒，合作单位出台激励在岗员工报读现代学徒制的政策措施，合作双方共同委派导师，实施联合在岗培养，学徒不脱离工作岗位完成学业。

三类生源的三种不同培养途径均采用"双导师"培养制度，学徒在"双导师"指导下完成学业。操作性专业课程和涉及企业文化的课程，以企业在岗培养为主，企业导师采用师带徒方式授课，学校导师以送教上门的方式进行理论辅导；学徒以工学结合的方式完成课程学业，理论知识和基础技术技能培养，以在校培养方式为主，从企业员工中招收的学徒在企业教学点集中学习，主要由学校导师授课。

二、校企联合建设，共同管理与考评

校企双方在现代学徒制的内涵建设与管理方面取得了阶段性成效。校企双方按照联合办学协议，在行业的参与下，从基于岗位职业能力分析入手，开发基于岗位工作任务的专业课程，构建基于工作过程的专业课程体系，建立适应现代学徒制人才培养的企业教学点，制定基于企业岗位用工标准、晋升标准和职业资格标准的学徒学业考核与评价标准，基本实现校企联合内涵建设与质量控制的系统化，也实现了教学内容与工作任务、教学过程与工作过程的对接；在岗培养的教学场所与工作场所、学历证书与职业资格证书的融合，为职业教育与产业发展的融合奠定了基础。

校企双方共同制定现代学徒制的招生、日常教学管理、"双导师"培育与管理、考核评价等系列教学管理制度。合作企业出台激励员工报考现代学徒制的措施和其他考生报考现代学徒制的优惠政策；学校出台实施激励二级院（系）探索实践现代学徒制人才培养的政策；正在探索按照以企业、学校和学徒为主体，第三方介入的方式对人才培养质量进行监控与评估。

校企双方在系列制度的框架下，共同实施管理。第一，学徒在岗培养主要由企业管理；在校培养主要由学校管理。第二，校企双方共同考核学徒学业，把企业岗位考核标准及方式和学校考核办法相结合，对学徒的学业进行综合评价。第三，为了方便在岗培养期间学徒工学结合学习，校企共同实施弹性学制下的完全学分制管理。第四，学校对现代学徒制工作和内涵建设实施项目化管理，管理制度与示范校建设项目的管理制度并

轨；内涵建设以研究课题的形式进行立项研究；把80%的现代学徒制学费划拨到二级院（系），以激励其探索与实践的积极性和责任感。

现代学徒制的实施，有效地缓解了企业转型升级中招工难和高技能人才匮乏的难题，为高新技术产业解决了人才的选、育、用、留问题，特别是为经济欠发达地区企业岗位技术技能人才的培养开辟了新的途径，调动了企业参与职业教育的积极性，促进了学校与企业、专业与产业、学习场所与工作场所的融合，将职业教育内涵的发展落到了实处，提高了学徒的综合素质与岗位技能；实现了学徒学习过程与职业生涯的融合，为中职毕业生和企业员工进一步提升构建了新的学习平台，拓展了发展的空间。同时，通过借鉴现代学徒制人才培养方式，也为从根本上解决目前顶岗实习教学与管理难的问题找到一个新的思维方式与突破口。

校企深度合作共同育人模式的探索与实践[①]

清远职业技术学院　赵鹏飞

2009 年，针对经济发展方式的转变及产业结构调整，企业在转型和升级过程中，劳动力结构性短缺、技术攻关领军人才缺乏等新问题，我校积极开展了校企深度合作共同育人模式——现代学徒制的探索，三年来，我们开展了如下工作：

一、校企联合招生，分类培养

根据合作企业的不同要求、不同的专业特点，校企合作共同招收三种不同类型与来源的学徒：一是计算机应用技术专业与高新技术企业（宇龙计算机通信科技有限公司）合作，招收应届高中毕业生，开设"宇龙班"，采用校企"双导师"互渗交互培养（学徒前两学年学习以在校为主，校企导师交替上课，第三学年在岗培养，企业导师师带徒，学校导师辅导理论知识）。二是机电一体化技术专业和医疗美容技术专业分别与英德海螺水泥有限责任公司和广东伊丽莎白美容健身有限公司合作，从员工中招收学徒，开设"海螺班"和"伊丽莎白班"，采取"双导师"在岗交互培养（学徒不脱离工作岗位，学校导师负责理论教学，企业导师师带徒训教）。三是机电一体化技术专业与清远市美亚宝铝业有限公司合作，招收中职和往届高中毕业生，开设"美亚宝班"，实施"双导师"行业通用交互培养（行业参与培养标准的制定，学徒第一学年校企交替培养，以校为主，校企导师交替训教；第二学年在岗培养，以企业或行业导师师带徒为主，学校导师理论教学为辅）。

二、校企共同管理，综合评价

根据学徒具有双重身份（企业员工、学校学生）的特点要求，重点做好两件事：一是签订好两份合同，即学徒与企业的合同，学校与企业的合同，明确学徒的双重身份和三方各自的职责与权益；二是校企共同制定刚柔相济的教学管理制度，"双导师"聘任、培养制度和学徒学业考核评价制度等，并实施共同管理。学徒在岗学习主要由企业管理，在校学习主要由学校管理。校企双方共同考核学徒学业，把企业岗位考核标准及方式与学校考核办法相结合，对学徒的学业进行综合评价。

[①] 本文为 2014 年教育部职业教育与成人教育工作视频会议发言稿。

三、双证融通，交互训教

按照基于工作岗位任务、融入职业资格标准、兼顾学徒未来发展需求的原则，企业提出岗位能力需求、岗位任职标准与晋升考核标准，行业专家与职业院校教师共同制定专业标准；校企专业技术人员根据专业标准，按照岗位任务、工作内容制定课程标准，开发岗位专业课程，构建专业课程体系。校企双方根据人才培养方案，共同聘用校企导师，实施课程的交互训教。

四、双导师培养，学徒在岗成才

采用"双导师"培养制度，学徒在"双导师"指导下完成学业。操作性专业课程，采用师带徒在岗培养，学徒享受企业员工待遇。企业员工中招收的学徒全部课程均在不脱离工作岗位的情况下，通过工学交替的方式完成学业，并基于学徒岗位工作，针对技术升级存在的问题，校企导师和学徒三方共同选题，在"双导师"指导下完成毕业论文或毕业设计，实现在岗成才。如，与宇龙公司合作的现代学徒制班，现有的三届毕业生已成长为企业研发类岗位骨干，部分已走上了核心技术管理岗位，21人次申报国家发明专利31项。

实践探索表明，现代学徒制有效缓解了企业转型升级中招工难和高技能人才匮乏的难题，调动了企业参与职业教育的积极性，促进了学校与企业、专业与产业、学习场所与工作场所的融合，将职业教育内涵的发展落到了实处，提高了学徒综合素质与岗位技能；实现了学徒学习过程与职业生涯的融合，为中职毕业生和企业员工进一步提升构建了新的学习平台，拓展了发展的空间，但还有许多深层次的问题有待进一步探索实践。

实践篇

导　言

　　社会经济发展的模式决定职业教育人才培养模式，所以不同的经济发展时期，职业教育也有不同的人才培养模式与之相适应。现代学徒制是一种职业教育制度，也是一种主动适应社会经济发展的有效的职业教育人才培养模式。2014年《国务院关于加快发展现代职业教育的决定》（国发〔2014〕19号）明确提出"开展校企联合招生、联合培养的现代学徒制试点，完善支持政策，推进校企一体化育人"。同年，教育部颁布了《教育部关于开展现代学徒制试点工作的意见》（教职成〔2014〕9号）。现代学徒制已经上升为我国职业教育支撑经济发展新常态、产业转型升级的战略决策。

　　2009年，清远职业技术学院开始探索现代学徒制的人才培养模式，2012年，被广东省教育厅确定为现代学徒制试点专业学校。目前有7个现代学徒制试点专业，涉及第一、第二和第三产业。2014年，清远职业技术学院承办了教育部组织的全国现代学徒制理论研究与实践探索推进会。招收三类生源（应届高中毕业生、往届高中毕业生与中职毕业生和企业在岗员工），采用三种培养方式（企业主导型、学校主导型和校企融合型）。针对合作企业对人才的需求，清远职业技术学院在人才培养目标定位、联合招生招工方式、教学方案制定、课程体系开发、教学过程安排、标准和制度建设等与企业深入合作，实现了校企联合招生、联合培养，共同管理、一体化育人，形成了具有地方特色的产教融合现代学徒制人才培养模式，即"校企双元育人，交互训教，岗位培养；学徒双重身份，工学交替，岗位成才"。

一、多方联动的运行机制建设

　　构建政行校企多方联动的现代学徒制长效运行机制：

　　现代学徒制以专业群和对应的产业为基础，以相互服务为纽带，组建由政府职能部门、行业协会、职业院校和企业组成的专业（群）职教联盟，设立政行校企四方人员组成的专业技术技能委员会，主要负责现代学徒制专业人才培养标准、课程标准的设计，打造学校与企业的"双导师"团队来实现现代学徒制的教学运行。现代学徒制实施中要签订"两份合同"，即学徒与企业签订劳动合同，学校与企业签订培养合同；利用好"三块资源"，政府、行业与企业和学校职业教育资源与投入。

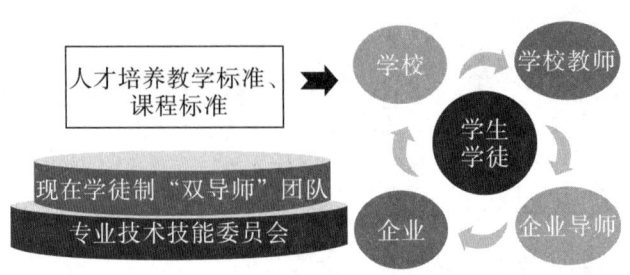

图1 现代学徒制多方联动机制示意图

案例1：广东伊丽莎白美容健身有限公司（伊丽莎白班）

1. 依托清远职业教育集团，建立卫生健康专业群职教联盟，并成立专业技术技能指导委员会。

2. 基于专业群职教联盟，校企签订联合办学协议，并成立现代学徒制校企协同育人工作组，负责实施工作。

3. 依据企业岗位需求和职业资格考证内容，校企共同制订人才培养方案，并实施共同培养、共同管理。

4. 在广东伊丽莎白美容健身有限公司设立"企业教学点"，并提供学徒带教师傅。

二、现代学徒制保障与激励措施

为了深入贯彻《教育部关于开展现代学徒制试点工作的意见》（教职成〔2014〕9号）的精神，在推进现代学徒制试点工作中，我们建议各级政府和教育主管部门、职业院校、企业要建立互惠共赢的激励与保障机制。

（一）各级政府要出台扶持政策，加大投入力度，通过财政资助、政府购买等奖励措施，支持企业和职业院校积极开展现代学徒制试点

各地教育主管部门和劳动部门要按照国家有关规定，监管用人企业保障学生权益，保证合理报酬，落实学徒的责任保险、工伤保险，确保学生安全。各职业院校大力推进"双证融通"，对经过考核达到要求的毕业生，发放相应的学历证书和职业资格证书。这些激励政策的落实，才能实现在政府主导下，把各方的职责明确，从而激发出职业院校和企业共同推进现代学徒制的工作动力。如广东伊丽莎白美容健身有限公司和我校合作的医疗美容技术大专班，学生毕业后还在公司工作即可获政府资助3 000元，免费考取国家高级技能资格证书，可获政府两年社保补贴。三项合计获得资助高达12 000元。

（二）我校在推进现代学徒制工作中逐步建立了适合自身实际的保障和激励机制

1. 各专业和当地的骨干企业建立职教联盟

职教联盟的建立保证了校企之间有效的沟通渠道，专业发展以企业的用人需求为标准。在企业的参与下，通过开展基于岗位的职业能力分析，制定专业人才培养标准，实现专业人才培养标准和人才市场需求的对接。在人才培养过程，我们调研企业的生产周期，利用企业生产的空闲期，完成教学任务，如我校的机电一体化技术专业和海螺集团合作，在企业的生产淡季和检修期，双方协商，使用企业的生产线和生产设备，导入教学过程，同时，引入企业的师资力量，完成学徒在岗教育。另外，我们也根据教学过程和工作过程的实际，采用嵌入的方式，把教学过程和工作过程完全融合，如医疗美容技术专业的专业课，我们就做到教学过程和工作过程的同步。在校企双方共同参与下，科学地设计、规划，保证专业教学过程和工作过程尽可能地融合，同时，合理安排和使用企业导师。

2. 在遵循国家的有关政策和规定下，我校在招生政策、专业建设经费、专兼职师资建设、教学工作报酬等方面制定了一系列激励政策

我校的现代学徒制试点专业根据专业自身的特点和服务对象的特点，在合作的大型骨干企业建立现代学徒制导师工作站或在学校建立"双导师"工作室。校企共同制定"现代学徒制导师团队双向服务管理办法"，以工作站和工作室为载体，对现代学徒制的专业建设、课程开发、校企合作机制建设等以项目的形式，每年向每个专业投入专项经费，进行立项研究，促进学校的内涵建设，提升现代学徒制双导师团队的专业建设和教学服务能力。通过"双导师"团队的横向科研和教改研究，实现校企导师的服务融合，从而形成现代学徒制"双导师"的双向服务机制。

（三）合作企业的支持是现代学徒制试点工作取得成效的又一关键方面

我校与广东伊丽莎白美容健身有限公司在合作办医疗美容技术专业大专班的过程中，广东伊丽莎白美容健身有限公司在学生的学费、师资的提供、学习时间的保证、毕业后的使用和晋升方面都制定了完备的规定。广东伊丽莎白美容健身有限公司的具体规定有公司代付学费，学生再分期偿还公司。

案例2：广东伊丽莎白美容健身有限公司"大专现代学徒制班"福利及考核方式

一、报读大专现代学徒制班学徒福利

1. 带薪培训：上课时间如在工作日，则按正常出勤计算。
2. 分班培训：根据报读人数，分两个班上课，确保不影响店内营运。
3. 优先分红：持有大专学历的分红合伙人每月按出勤情况可获得相应积分（详情以《分红方案》为准）。

4. 优先晋升：在读大专现代学徒制班的员工，可提前一个职级参加晋升岗位的储备班。

5. 学费分期支付：两年合计 11 000 元，为不影响员工每月的正常生活开支，公司一次性支付给院校，员工分期（最多 20 期）在每月工资中扣补。

6. 学费返还：自毕业之日起工作满两年，员工可获得学费全额返还。

二、报读大专现代学徒制班学徒考核方式

表 1　报读大专现代学徒制班学徒考核方式

序号	课程	内　容	时间	课时	讲师	主考人	考核方式	备注
1	公司企业文化	企业文化	不定期	2	公司培训宣传组	讲师、顾问或店负责人	1. 理论 2. 店内日常工作行为和心态	
2	储备顾问特训营	一名优秀顾问应具备的管理能力、绝对成交咨询模式、顾问式销售、解决美容师晋升顾问过程的三大难题、客户信赖、销售六步曲	每月 1 期，共 3 期，每期 2 天	42	公司内部特聘讲师	特训营班主任、店负责人	1. 理论考试、满勤 2. 前 3 个月的平均服务次数、业绩考核 3. 店负责人评估	
3	管理实践能力训练班	提升管理者的教练领导力，统一和坚定组织核心价值观，更好地实现个人成长与企业发展目标	隔月 1 期，共 6 期，每期 2 天	84	学校特聘讲师	学校特聘讲师	1. 3 天以下缺勤 2. 老师布置课后作业，由老师根据课程内容进行点评	
4	服务礼仪	接待流程、换衣换鞋流程等	各个级别每月集训	3	公司技术督导老师	技术督导老师	技术督导老师情景模拟考核	
5	各级别晋升培训及考核	符合晋升条件：连续 3 个月的服务次数及业绩达标，相应级别的项目技术过关	申请晋升的当月	21	公司技术督导老师	技术督导老师、公司高管	1. 技术考核及话述引导 2. 高管客户式体验技术	

续上表

序号	课程	内 容	时间	课时	讲师	主考人	考核方式	备注
6	储备店长特训营	行业发展趋势与互联网思维、业线管理及如何达成每月门店目标、新客成交关键、客户管理与维护、客户的异议预防与处理、优秀带店模式、有效沟通技巧、奢侈品消费/鉴赏	每月1期，共6期，每期1天，同时每月进行1天的移动课堂	84	带动师傅、公司内部讲师	带动师傅	上课的出勤率、师傅的评价	

三、完善招生招工制度，校企联合招生，明确现代学徒的双重身份

现代学徒制的生源主要分为两大类，非在职人员（应届高中毕业生、应届中职毕业生和尚未就业的往届学生）和企业在职员工。招生的方式有三种，应届高中毕业生是全国统考招生，应届中职毕业生是"三二分段"招生，其他生源均自主招生。核心工作是签订学徒与企业的劳动合同、学校与企业的培养合同，解决学生入学后的双重身份问题，确保学徒、企业和学校的合法权益。

第一，建立工作机构。由我校招生就业办牵头组建，企业人力资源的相关负责人组成的多方合作招生工作组。在工作组的协调下，达到录取基本条件的考生采用双向选择的方式，确定学生就业的企业，并与企业签订劳动合同，学校作为合同的鉴证人。以学校与集团内大型骨干企业为主体、合作企业参与的方式实施人才培养。

第二，制定规章制度。依据企业产业结构调整和技术升级对人力资源的需求，完善招生制度。建设的重点是制定从企业员工中招收学徒的招生方案和实施细则，规范自主招生过程。在政府职能部门的指导下，校企共同制订校企合作联合招生制度。自主招生中，制定对具有一定工龄、有较强实际操作经验的企业员工实行优惠政策的制度；"三二分段"中高职对接招生中，对于获得教育部主办或联办的全国职业院校技能大赛三等奖及以上奖项或由省级教育行政部门主办或联办的省级职业院校技能大赛一等奖的中等职业学校应届毕业生，获奖考生经省教育厅核实资格，我校审核公示，并在教育部阳光高考平台公示后，可免试录取。

第三，签订好两份合同。劳动合同的核心内容有三项，一是企业接纳学徒为企业准员工，在岗学习期间享受企业正式员工的薪酬福利待遇；二是企业要为学徒在岗学习提供必要的条件；三是学徒学习期满毕业后再次双向选择职业岗位的相互约定。培养合同

的核心内容也有三项，一是双方联合办学的收取学徒学费的收益划分；二是规定双方在办学中的责任与义务；三是明确具体育人过程的合作与分工，以及"双导师"团队的校企共培互聘的相关规定。

根据不同类型企业的需求、专业特点、招生生源和招生方式，从不同路途探索现代学徒制。

案例3：与高新企业合作，招收应届高中毕业生

我校计算机应用技术专业（手机游戏设计与开发方向）与深圳宇龙计算机通信科技有限公司（国内智能手机龙头企业）合作，通过全国普通高考统一招生方式，招收应届高中毕业生，实施现代学徒制人才培养。具体做法是校企双方按照行业岗位用人的通行标准制定前两学年人才培养方案，采用校企交替培养的方式，共同实施岗位培养，第三学年企业根据自身需求和学徒的个性化发展制订人才培养计划。

经过几年实践与探索，三届"宇龙现代学徒制班"毕业生已成长为企业技术岗位的主力军，部分已走上了核心技术管理岗位，先后有21人次共申报国家发明专利31项。该公司表示，现代学徒制人才培养模式解决了高新技术企业人才的选、育、用、留问题，充分调动了企业参与现代学徒制的积极性。

案例4：与企业合作，招收中职毕业生

我校的材料专业与清远美亚宝铝业有限公司（该公司是中国最大的区域性铝型材行业——佛山市南海区铝型材行业协会的副会长单位）合作，针对行业对人才的需求，实施现代学徒制。具体做法是：从中职毕业生中招收学徒，学校与美亚宝共同制定人才培养方案，并通过校企交互共同培养学徒。

这种方式充分发挥了职教集团内行业龙头企业的育人作用，在解决自身的高技术技能人才匮乏问题的同时，为集团行业内没有培训经验和能力的中小企业解决人才短缺问题具有重要的现实意义。

案例5：与行业内大型骨干企业合作，招收企业员工

英德海螺水泥有限责任公司和广东伊丽莎白美容健身有限公司均属于行业内大型骨干企业，他们在企业转型和技术升级中，出现了技术技能人才的短缺和一般操作人员过剩的尴尬局面。为了妥善解决这一问题，他们主动与我校的机电一体化专业和医疗美容技术专业合作，通过自主招生的方式，从合作企业员工中招收学徒，实施现代学徒制人才培养。校企双方根据企业岗位标准制定人才培养方案，校企合作分工实施交互训教。

合作企业认为，现代学徒制实现了企业、院校和员工的"三赢"：企业在员工提升素质的同时提升了综合竞争力，赢得了员工对企业的认同感和归属感；院校在职业教育

竞争中得以开疆拓土，更好地实现服务社会的功能；员工在学习中提升技能、提升学历，实现自我增值。

学院制定了校企联合招生管理办法，企业也出台了具有一定特色的招生简章吸引员工。

四、校企互聘共用的"双导师"队伍

现代学徒制采用"双导师"制，即现代学徒制教学有两类导师，一类是学校负责基础理论和基本技能教学的学校导师，一般是以集体授课为主；另一类是负责实践和岗位技术技能培养的企业导师，是采用师带徒的方式教学。"双导师"团队具有双重职责：一是完善现代学徒制的人才培养；二是承担企业技术服务与科研创新工作，从而形成现代学徒制团队校企共培互聘、双向服务的机制。

采用双导师培养制度是学徒在"双导师"指导下完成学业。岗位核心课程和企业文化课程由企业导师承担，采用师带徒方式实施岗位教学；基本理论知识和基本技术技能课程由学校导师授课。学徒在工作岗位上，通过工学交替的方式完成学业。

我校在从企业员工中招生学徒课程教学的具体操作方法是，按照学院的现代学徒制"双导师"管理办法选聘、管理和培养"双导师"团队，并实施"双导师"在岗位授课，企业导师（师傅）担任企业的文化与企业技术与管理的核心课程教学内容，在学徒工作时间段，以师带徒的方式实施岗位教学；学校导师（教师）主要承担理论性课程内容的教学工作，在学徒工作以外时间段（主要是双休日），以送教到企业的方式，实施集中授课。校企医疗美容技术专业与广东伊丽莎白美容健身有限公司合作开办的伊丽莎白班"双导师"分工协助共同完成教学任务如图2所示。

伊丽莎白——师傅		清职院——教师
培养岗位美容消毒卫生技能	◄---►	病原微生物的结构生理
美容消毒卫生工作程序与操作的具体要求	◄---►	病原的传播与控制，消毒灭菌的基本原理
指导学徒美容消毒的实际工作	◄---►	设计一个美容消毒卫生方案
按照企业消毒工作标准考核	◄---►	按照设计方案的要求考核
师带徒，岗位训教	◄---►	在学徒业余时间，集体授课

图2 校企"双导师"协同合作实施交互教学案例示意图

在现代学徒制教学中，我们认为"双导师"与学生的"双重身份"一样重要，可以优化教师队伍，培养校内教师，丰富教学内容，让教学内容更接地气。学院为此出台了相关的管理制度，包括现代学徒制"双导师"教师管理办法、"双导师"互聘共培合作协议。

五、教学运行管理

（一）现代学徒制专业课程体系构建的基本方法

1. 构建的切入点

通过开展行业和合作企业需求调研，明确行业通用岗位和合作企业岗位需求，以岗位职业能力分析作为现代学徒制专业课程体系构建的切入点，分析行业通用的岗位基础职业能力和合作企业岗位（群）核心职业能力。通过对具体岗位（群）的工作过程进行分析，确定岗位群的工作任务和工作内容，对每项工作任务进行职业能力分析，对分析的结果进行排序、归纳和合并，提炼出岗位（群）的通用基础职业能力和核心职业能力。

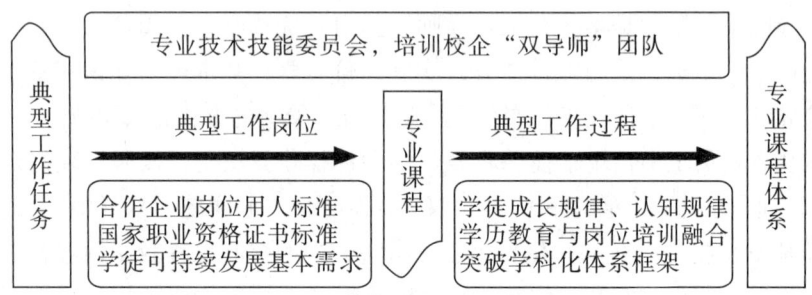

图3　专业课程与课程体系建设示意图

2. 专业课程开发与课程模块组织

基于工作岗位（群）的职业能力分析结果，结合合作企业岗位用人标准和国家职业资格证书标准，兼顾学徒的可持续发展基本需求，按照岗位工作过程设置或开发基于岗位工作任务的专业课程，流程如图4所示。适用于行业通用岗位需求的课程和岗位基础能力的课程组合成专业技术技能基础课程模块，满足合作企业用人岗位（群）需求的课

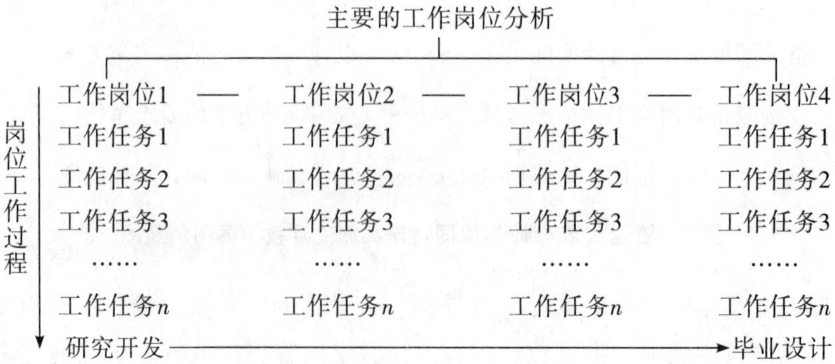

图4　专业课程与专业课程体系构建路径示意图

程组合成岗位（群）技术技能课程模块，考虑学徒个人兴趣爱好和职业可持续发展基本需求的课程组合成个人职业发展需求课程模块。

现代学徒制的课程实施采用"双导师"联合授课制度：职业素质基础养成课程模块和专业技术技能基础课程模块，采取导师组负责制，主要由一名学校导师、若干名企业导师组成，以学校导师为课程负责人，主要负责课程理论教学与组织协调工作，企业导师以师带徒的方式负责课程岗位技能教学与考核；岗位（群）技术技能课程模块和个人职业发展需求课程模块以师带徒的方式进行岗位培养。

3. 专业课程体系的构建

依据学徒成长及认知规律，注重学历教育与岗位培训教育相融合、教学过程与生产过程相结合，打破学科框架体系，构建基于岗位（群）工作过程的专业课程体系。专业课程体系构建步骤：第一步，专业岗位调研，明确专业所服务的主要岗位（群）。第二步，专业岗位任务分析，确定主要岗位（群）的具体工作任务和工作流程。第三步，岗位职业能力分析，明确每个岗位工作任务所需的基本知识与技能点。第四步，依据工作过程设置或开发专业基础课程，构建岗位技术技能基础课程模块。第五步，根据合作企业岗位用人的特殊需求，设置或开发专业企业课程，构建多个可供学徒自由选择的岗位（群）技术技能课程模块。第六步，设置不分专业的职业素质课程，包括"两课"，构建职业素质基础课程模块，并设学徒拓展课程模块，组成专业课程教学构成表。第七步，按照企业的生产或工作过程确定开课次序，以构建成专业课程教学进程表。

现代学徒制课程教学构成表中每门课程的授课方式主要分为四种：集中讲授、企业培训、任务训练和岗位培养。集中讲授主要以班级为单位在企业教学点进行集中理论教学；企业培训主要是企业专题讲座、企业生产岗位或实训场地等场所的实操演示；任务训练主要是课程中设计的若干个训练任务，学徒在岗位工作中独立完成的任务训练；岗位培养主要是在企业岗位进行的"师带徒"教学方式，是以学生为主体、企业导师指导的实践教学。现代学徒制课程教学进程表按照岗位工作过程的先后次序设置课程的上课时间，其中职业素质养成课程贯穿于四个教学学期。教学进程表中需明确每门课程的考核要求，课程的考核一般由理论考核、任务训练考核和岗位培养考核共同组成，具体考核成绩的比重由"双导师"团队自行设计。

（二）弹性学制学分管理的教学运行

根据课程体系构建的特点及现代学徒制班级的特点，弹性学制与学分的管理需求就应运而生。主要表现为以下几种情况。

课程体系构建如果是按照岗位群建设的，有些学生在某一岗位工作，由企业导师给出在岗相应课程的成绩，不需要在这些课程中再进行学习就可以获得相应学分。在学校允许的情况下，学生因为工作的原因，不能参加某一课程的集中学习，则可以由学校导师和企业导师一起，指定网络课程资源让学生学习，通过考试后也可以获得相应学分。

有些现代学徒制专业学生来源相对复杂，某年招生情况不好，下一年的招生变好了，为节约资源，某些课程在不影响教学计划的前提下，两届学生就可以合班开课。学生在规定的学习时间内，如果不能完成专业学习，则可以延长学制；在规定时间内，完成专业学习，也可以准予毕业。

（三）校企共同管理，综合评价

现代学徒制的学徒具有双重身份，有学习与工作的双重任务，在岗位工作中，他们是企业员工享受企业员工待遇，他们需要遵守企业生产管理制度，接受企业的岗位考核；在学习时，他们是在校学生，具有在校学生同等责任与利益，要遵守学校的学习管理制度，要按照学校的考评制度接受学校的考评。所以，校企共同管理、综合评价是现代学徒制的客观要求，其重点需做好两件事：一是签订两份合同，即学徒与企业的合同、学校与企业的合同，明确学徒的双重身份和三方各自职责与权益；二是校企共同制订刚柔并济的教学管理制度，"双导师"聘任、培养制度和学徒学业考核评价制度等，并实施共同管理。

我校的具体操作是：学徒在岗学习主要由企业管理，在校学习主要由学校管理。学徒毕业必须通过学校的综合考核。综合考核包括两个方面：一是课程学业成绩考核，课程考核的具体办法与操作过程如图5所示。二是毕业设计和毕业论文，由校企"双导师"指导学徒围绕岗位上需要解决的问题或难题进行选题，然后完成毕业设计或毕业论文。

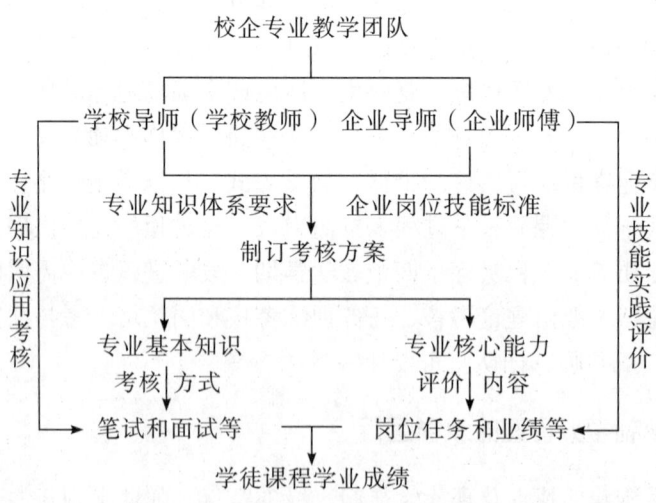

图5 现代学徒制课程学业成绩考核评价示意图

（四）教学督导

现代学徒制有其自身的特点，在办学过程中，教学督导工作就是围绕其特点，主要是各方职业教育资源的整合,如企业师傅的聘任、生产设备转化为实训设备的利用等;教学过程和生产(服务)过程的融合,即分析生产过程,嵌入教学过程,两者尽可能嵌入式融合。

1. 教学督导工作的基本要求和主要环节

教学督导要坚持以规范化、专业化、科学化为原则,遵循职业技术教育的规律和现代学徒制的特性,把握督导结合、以导为主、重在建设的工作方法,在教学督导实践中主要发挥监督检查、分析评议、培育引导、报告建议的促进作用。我们抓住教学管理的招生工作、教学资源准备工作、教学运行工作、教学考核工作主要环节开展教学督导工作。

2. 教学督导方式和相关职责

教学督导工作主要采取查阅相关资料和现场检查的方式。教学部门的二级督导负责本部门的日常督查,并将督查情况记录完整存档。学校督导室、教务处以开学、期中、期末教学检查为主开展督查工作,并将督查情况及时反馈到教学单位,以提高教学质量。

管理制度

清远职业技术学院
现代学徒制人才培养日常教学管理暂行办法

(2014年6月修订)

现代学徒制人才培养模式是我校人才培养模式的重大改革，也是校企融合一体化育人的具体实现形式，以培养高素质技术技能型实用人才为目标，以适应社会经济转型、产业结构调整和企业技术升级对生产一线技术技能型人才的需求。为进一步规范现代学徒制日常教学，确保教学质量，依据现代学徒制校企联合招生、联合培养内涵要求，结合探索实践的实际情况，特此修订本管理办法。

一、实施性人才培养方案制订

原则上执行学校关于学徒制人才培养方案制订的指导性意见。

（一）制订人才培养方案的时间

每学年度第二学期中期，相关教学单位组织学徒制合作企业的专业人员，学校专业负责人及专业教师制订（或修订）下一届学徒制班级的实施性人才培养方案，初稿经学徒制人才培养工作小组讨论确定后，于学期末正式颁布。

（二）编制学徒制人才培养方案的原则

（1）学校与企业按"双元育人"原则共同完成，学校主要负责职业素质基础课程和专业技术技能基础课程，企业主要负责岗位技术技能课程与拓展选修课的编制。

（2）体现岗位学习、岗位育人和岗位成才的理念。

（3）以合作企业学徒制人才培养定位为依据，以能力培养为重点，以学员需求为目的，参照职业资格证考核内容，突出岗位职业能力，提升综合素养。

（4）根据培养岗位定向和企业的差异，同一年级，或同一企业内的不同年级，其实施的人才培养方案可以不相同。

（5）对"师带徒"教学的内容（或技能模块）、方式、考核评价等需要有明确的规定。

（三）课程设置原则

（1）强化"思政课"与校企文化的结合，优化职业素质基础课程模块，提升学徒的职业素养。

（2）加强行业岗位用人需求与职业资格考证内容的衔接，优化专业技术技能基础课程模块，为学徒将以后岗位迁移奠定基础。

（3）满足合作企业的岗位用人要求和学徒不同岗位的需求，设置多个可供学徒自选的岗位技术技能课程模块，力求实现学以致用。

（4）设置学徒拓展自选课程，满足其将来个性化发展的需求。

二、课程教学管理

学徒制培养以岗位学习和"师带徒"模式学习为主，学生的主要学习过程在企业内完成。企业提供教学理论教学场地，提供专业技能教学的职业岗位。

（一）课程的基本类型

"现代学徒制"的课程大致可以分为四大类，第一，职业素质基础课程（包括"两课"、英语、常用办公软件和企业公文写作等），其中"两课"课程必须按照教育部的相关规定制订教学计划，但授课的方式、考核的手段等可以根据企业的实际情况灵活掌握。其他职业素质基础课程可依据合作企业对员工职业素质的需求灵活掌握。第二，专业技术技能基础课程是以该专业所对应岗位群的基本职业能力要求和职业资格考证基本内容为依据，确定课程标准和教学内容、每位学徒必须掌握的专业基础课程模块。第三，岗位技术技能课程是以合作企业具体岗位的具体的职业能力、用人标准为依据，参照职业资格考证的专业内容，校企合作开发的具有多个可供选择的专业技术技能课程模块，学徒可根据自身工作岗位的需求自选，主要是以师带徒方式完成教学任务。第四，拓展课程是学徒根据自身发展需求自由选择，由合作企业委派师傅进行师带徒个性培养。

（二）课堂教学组织形式

课程教学的形式因企业对学员培养定位、课程性质、教学内容、教学目标等差别而不同，主要有以下四种方式。

1. 集中讲授

利用学徒的休息时间（主要是双休日）在企业教学点（课程教学点），学校导师以送教上门的形式，以班级为单位实施授课的一种教学方式。此授课方式适用于职业素质基础课程、专业技术技能基础课程的理论知识和基本技能部分教学内容的教学。但教学一般要求授课教师要到合作企业一线调研备课，并引用企业的典型案例实施教学。

2. 企业培训

企业培训主要有两层含义，第一，企业导师在企业教学点（课程教学点），以班级为单位实施授课的一种教学方式，所授课程的内容属于该企业特有的知识内容、行业的最新动态、专题讲座、企业文化和企业岗位基本技能的集体现场演示教学等内容。第二，

"双导师"团队根据企业岗位的特殊需求和职业资格考评实施的培训性教学,适用于所有类型课程。

3. 任务训练

"双导师"在课程教学中设计若干个岗位训练任务,学徒在工作岗位有针对性地进行专项自我学习与训练,以培养学徒自我学习、终身学习和创新发展的能力。企业导师需进行必要的现场指导,学校导师网上答疑,并对训练的结果进行考核评价。

4. 岗位培养

岗位培养是"双导师"完成专业技术技能基础课程和专业技术技能课程中可实操性较强的教学内容。企业导师以"师带徒"的方式在学徒工作岗位实施课程教学,学校导师负责网上答疑与指导。学徒学业成绩是以其岗位工作任务完成的情况作为主要依据进行考核与评价。

(三)课程教学监控

因为学徒制教学班级主要教学过程在合作企业,所以日常课程教学监控工作由学校、企业和学徒三方共同承担。

(1)现代学徒制教学班的企业负责人对课程教学进行定期和不定期的现场巡视,做好相关记录和协调工作,并作为考核双导师的重要依据。

(2)学校教务处、督导室不定期组织人员到企业进行现场听课、组织学生座谈、查阅教学文件和相关记录,并存档备查,以作为考核"双导师"的重要依据。

(3)学校教务处、督导室定期对学徒的课程任务训练完成情况抽查(包括训练任务名称、训练时间、导师指导记录),学徒个别访谈。

(4)学校教务处、督导室定期对岗位培养教学情况进行抽查和学徒访谈,抽查的重点是企业导师的培养计划和培养记录;学徒访谈主要是抽样个别座谈。

(5)现代学徒制班级学徒负责人对集中讲授和企业培训课程教学的学员考勤,收集学员对课堂教学工作的意见和建议,并严格按照规定认真填写学校统一制定的课堂教学日志。

(6)对可能影响或明显影响课程教学的问题,先由企业协调解决,必要时,校企双方共同讨论解决影响教学的有关问题。

(四)学员课程成绩的考核与评价

课程的考核一般由理论考核、任务训练考核和岗位培养考核组成,具体考核成绩的比重由"双导师"团队自行设计。

1. 理论考核

集中授课教学通过理论考试进行考核。理论考试的出题、组卷、阅卷均由学校导师负责，学校安排考试时间和监考人员，原则上在企业考试。如果实现课程项目化教学的，则执行学校项目化教学的考核评价体系。

2. 任务训练考核

任务训练考核主要由提交的任务训练完成报告和任务操作演示两部分组成。任务训练报告主要由学校导师给出成绩，任务操作演示成绩主要由企业导师给定。

3. 岗位培养考核

岗位培养考核分为两种，专业技术技能基础课程的岗位培养考核原则上进行单独的技术技能考核，由学校导师和企业导师共同设计考核要求和方案，企业导师负责考核；岗位技术技能课程的岗位考核可以把多门岗位技术技能课程组合成技术技能模块进行考核，也可以独立实施技术技能考核，一般主要由企业导师制订具体考核方案，并负责对学员进行考核和评价。

三、在学期间资格证考核要求

根据广东省教育厅关于自主招生文件要求，学生毕业前，要获得所学专业领域内的高级工以上（含高级工）的职业资格证，这也是学徒制学员能否顺利毕业的重要依据。所以校企双方要按照学徒制人才培养方案和教学计划的规定，安排学员在学期间考取高级工以上（含高级工）的职业资格证。

四、教学文件及管理

（一）主要教学文件

1. 实施教学的基本文件

（1）人才培养方案。

（2）专业课程教学（或课程模块）标准。

（3）教师授课计划。

（4）自编教材或校本教材。

（5）学徒成绩登记表。

2. 教学过程形成性文件

（1）单元教学教案（讲义或讲稿）。

（2）集中授课和企业培训的课堂教学日志。

（3）集中授课和企业培训的学徒（学员）考勤表。

（4）考试考卷及评分标准（含理论考试和技能考核）。

（5）学徒试卷（教师已阅改）。

3．其他教学文件

（1）现代学徒制人才培养教学研讨会会议纪要。

（2）现代学徒制人才培养教育教学改革方案（措施）。

（3）教学工作（含学徒代表）座谈会会议纪要。

（4）企业导师基本信息表和学徒个人基本信息表。

（5）学徒或企业对双导师的教学效果评价表。

（二）教学文件管理

1．教学文件编写要求

（1）教师教学文件的撰写，原则上执行学校现有的相关规定。

（2）教学管理相关表格，由学校教务处根据需要设计，并提出填写表格的具体要求。

2．教学文件的归档管理

（1）学校教务处归档存查实施教学的基本文件。

（2）企业归档存查"学徒或企业对'双导师'的教学效果评价表"。

（3）二级院（系）归档管理所有的教学文件，以备校企检查。

清远职业技术学院
现代学徒制"双导师"教师管理办法

(2014年6月修订)

现代学徒制是深度校企合作的一种方式,也是工学结合人才培养模式的一种实现途径。采用"双导师"制度,即学员完成学业需有学校的专任教师和企业师傅共同承担教学任务;实施岗位培养,即学生在不脱离工作岗位的条件下完成学业。为了保证学院现代学徒制试点专业教学正常运行和预定的教育教学质量目标,优化调整专业师资队伍结构,规范企业导师聘任及学校导师的遴选,构建"双导师"教学团队,根据现代学徒制的教学特点及教学的实际需要,特制订本办法。

一、指导思想

以教育部《关于全面提高高等职业教育教学质量的若干意见》及广东省教育厅《关于进一步提高广东省高等职业教育教学质量的意见》文件的精神为指导,根据现代学徒制的教学特点,以保证现代学徒制教学正常运行为目的,以培养学生的岗位职业能力为核心,以探索现代学徒制的运行机制为目标,充分调动校内专任教师参与现代学徒制的积极性,全面推动我院现代学徒制试点工作顺利实施。

二、"双导师"的聘任

(一)学校导师聘任条件

(1)遵守国家的法律、法规以及方针政策,坚持四项基本原则。

(2)原则上要求具有现代学徒制所涉及的企业工作岗位的岗位工作经历,至少要通过企业的现场调研熟悉所任课程涉及的岗位工作对知识、技能和基本素质的需求。

(3)具有大学本科以上学历或中级以上专业技术职务。

(4)业务基础扎实,具有承担本专业(课程)教学任务的业务能力和教学水平。

(5)具有良好的职业道德和协作意识,能服从学校的教学管理,遵守企业和学校的各项教学规章制度。

(6)年龄60岁以下,身体健康。

(二)企业导师的聘任条件

(1)遵守国家的法律、法规以及方针政策,身体健康的企业在岗员工。

（2）具有良好的职业道德和协作意识，能服从学校的教学管理，遵守企业和学校的各项教学规章制度。

（3）具备三年及以上企业岗位工作经历、大专以上学历，并符合以下条件之一者：中级及以上专业技术职称、获得高级及以上职业资格等级证书、中层及以上领导职务。对企业推荐的具有五年以上岗位工作经验的优秀员工，可不受上述学历、职称和职务的限制。

（三）聘任程序

（1）现代学徒制试点专业所在的二级学院（系）根据专业教学计划，统筹制定"双导师"聘任计划。

（2）二级院（系）与企业协商确定"双导师"人选，组织填写"现代学徒制'双导师'聘任审批表"（一式两份），并根据"双导师"的聘任条件对任教资格进行审核。

（3）二级院（系）对拟聘用的"双导师"，经主要负责人和企业相关负责人同意后，将"现代学徒制'双导师'聘任审批表"报教务处审批。

（4）对经审批通过的"双导师"，由二级院（系）负责与企业导师签订聘任协议，并收集企业导师的身份证、学历证书、学位证书、专业技术职务任职资格证书和各种技能资格证书等复印件，建档备查。

三、"双导师"的工作职责

（一）学校导师

（1）担任专业技术技能基础课程的学校导师，作为课程负责人，与企业导师加强交流，密切合作，负责课程教学的设计与实施，完成对学徒的岗位技能基础课程考试、考核和成绩评定工作。

（2）以岗位职业能力分析结果为依据，参考职业资格标准，学校导师作为主导与企业导师合作开发课程，改革教学内容，建立岗位职业能力的课程标准，规范课程教学的基本要求，合作编写适合现代学徒制教学的讲义或教材。

（3）严格执行学校和合作企业的有关教学管理规章制度，指导企业导师完成教学工作任务，负责收集整理教学过程规范文件，确保课程教学任务的完成。

（4）积极到企业一线进行岗位实践，与企业导师进行教学研讨、教学经验交流，熟悉企业工作流程及岗位工作任务。

（5）及时听取收集学徒的意见和建议，加强双向交流，不断调整完善教学方式方法，重要问题及时向二级学院和学校反映。

（6）协助学校和企业对现代学徒制学员进行职业素质教育，参与现代学徒制班级的素质拓展活动。

（7）积极参加企业的技术改造和技术攻关项目，帮助企业解决生产中的实际问题。

（8）负责帮助企业导师填写人才培养工作状态数据。

（二）企业导师

（1）担任岗位技术技能课程和拓展选修课程的课程负责人，严格按校企双方制订的学徒制人才培养方案实施教学，按要求完成对学徒的岗位技术技能课程考试、考核和成绩评定工作，并提交相关教学文件。

（2）作为岗位技能基础课程的课程组成员，协助学校导师共同完成课程的设计与实施；参与现代学徒制专业的教学研讨、人才培养方案制订、课程体系构建、课程开发、教材建设等工作。

（3）负责学徒毕业设计的指导工作，对毕业设计中涉及的生产故障、技术难点进行具体指导。

（4）负责对学徒的职业道德、职业态度和企业文化等职业素质的养成教育。

（5）积极参加企业的技术改造和技术攻关项目，帮助企业解决生产中的实际问题。

（6）负责提供人才培养工作状态数据相关信息。

四、"双导师"工作待遇

（一）学校导师

（1）学校导师到企业上课的差旅费和出差补贴由二级院（系）参照学院的标准制订具体方案，学校审核通过后从现代学徒制专项经费中支出。

（2）现代学徒制班课酬原则上高于校内授课的课酬标准，具体实施标准由二级院（系）自行制定。

（二）企业导师

（1）集中授课的课酬参照学校导师的标准，由二级学院与企业协商计付。

（2）岗位师带徒授课的课酬，由二级院（系）根据企业导师所带的学徒人数并结合学徒的评价结果分级制定课酬标准。

五、"双导师"的培育

（一）培育原则

"双导师"培育坚持校企"互聘共培"的原则。"互聘"是指学校聘用企业技术骨干作为现代学徒制企业导师，企业聘用学校骨干教师作为技术顾问；"共培"是指学校对聘用的企业技术骨干进行职业教育教学能力培养，企业对学校骨干教师的岗位技能进行培养，形成一支能适应现代学徒制教学设计、教学实施和教学考核评价的"双导师"团队。"双导师"团队在课程教学过程中相互合作、相互学习、持续提升。

（二）培养目标与内容

1. 培养的主要目标

近期目标：适应现代学徒制人才培养教育教学和教学改革与创新的基本需求；具备为合作企业员工的岗位培训和技术升级攻关服务的基本能力，改善实施现代学徒制专业的双师结构。

中期目标：提升现代学徒制"双导师"队伍的整体水平，整体水平的提升不少于一个级别，形成一支相对稳定、能为校企双方服务的高素质"双导师"团队。

长期目标：把"双导师"团队培养的成功经验推广应用到全校，从根本上解决我校"双师"结构问题。

2. 培养的主要内容

（1）职业教育理念的更新培训，主要包括国内外现代职业教育发展的动向和成功案例，国家职业教育改革的最新精神和解读，我校人才培养改革的理念、总体思路和具体实现的路径。培养的核心重点内容是现代学徒制的人才培养理念。

（2）内涵建设方法的培训，重点内容是如何通过政行校企的多方协同合作，实现专业建设、人才培养模式、企业员工在岗培训和联合技术攻关的改革与创新，以达到校企等多方的协同创新发展；深化完善从专业职业岗位能力分析入手，开发基于工作任务的课程、构建基于工作过程的课程体系培训，推动整个人才培养模式的改革与创新。

（3）学校导师企业岗位能力提升培育，重点是熟悉与专业相关行业发展的现状与趋势、合作的大型骨干企业生产情况、结构调整和技术升级中遇到的主要问题等。

（4）企业导师重点是执教能力的培训，主要是现代学徒制教学个人、教学文件的撰写培训，课程的开发、教学方法和教学手段等课堂教学常规培训。

（三）培养途径与措施

1. 主要途径

（1）选派"双导师"到国内外进修培训，更新职业教育理念，学习专业内涵建设的先进方式与方法，提升企业导师的执教水平。

（2）根据学校专业内涵建设的规划，邀请国内外相关专家到校做专题讲座和现场培训。

(3) 从学校专业内涵建设优秀集体中推选代表"现身说法",以典型案例解析和研讨的形式对全校教师进行培训和指导。

(4) 选派专业带头人或负责人到企业挂职,熟悉合作的大型骨干企业生产情况、结构调整和技术升级中遇到的主要问题等情况。

(5) 邀请行业、企业专家到校分专业作专题报告与研讨,让所有的专业教师能了解行业发展的现状与趋势、合作的大型骨干企业的基本生产情况和面临的主要问题等。

(6) 成立专业课程教学"双导师"组,在教学过程中互相学习、互相帮助、共同提升。

2. 主要措施

(1) 完善学校的"双导师"等级认定标准,并出台等级晋升的相关激励措施。

(2) 进一步规范专业带头人、专业骨干教师、"双师型"的具体标准和晋级的相关激励措施。

(3) 将校企合作"互聘共培"纳入校企合作的主要条款,使校企"互聘共培""双导师"工作落到实处。

(4) 进一步规范学校教师到企业挂职锻炼和学校聘用企业人员的相关规定,激励学校教师到企业挂职锻炼和企业人员接受学校聘用。

(5) 学校规定现代学徒制的每门专业课程都要成立课程教学"双导师"组,并实施课程组内教研和教学。

六、"双导师"的考核与奖惩

(一)考核

现代学徒制教学实行"二级双轨"管理和学徒评价制度,"二级"是指开课的二级院(系)和教务处;"双轨"是指学校和企业按照现代学徒制教学的基本要求分别实施考核,考核要纳入学校的常规考核之中,考核的结果记入"双导师"的业务档案。考核细则参考学校现有的考核细则标准执行。

(二)奖励

(1) 学费收入的80%划拨到现代学徒制专业,作为专项教学经费,其中30%左右用于企业教学管理和企业导师课酬等。

(2) 专业教学标准制定、专业课程资源开发等纳入学校教研教改课题,下拨专项经费,并按教研教改项目的相关办法实施管理。

(3) 现代学徒制的课程课酬标准原则上高于校内标准。

(4) 学校导师到企业一线进行专业实践与锻炼,享受校内教师进修待遇,企业按照企业员工的管理办法对学校导师实施考核和奖励。

（5）学校导师在同等条件下享有优先进修、交流学习、培训等权利。

（6）企业导师申报校内外教研教改、科研课题，享受校内老师申报课题的同等待遇；企业并为其教研教改、科研创造条件，提供支持。

（7）企业导师享受校内导师进修、交流学习、培训等同等的机会和待遇，企业为其外出学习交流和培训等提供便利条件。

（8）企业导师具有校内评优、评先的资格，并享受学校教师同等的奖励，企业对获得奖励的企业导师给予企业岗位晋升的优先权。

（9）除享受学校、企业的奖励外，单列现代学徒制"双导师"团队评优评先项目，并给予高于学校同等奖励标准的奖励。

（三）处罚

（1）未按照本规定履行教学职责，视情节的轻重给予适当的处罚，并记入教学业务档案，作为学校企业评优评先资格审定的依据。

（2）未提供相关教学资料（课程设计、集中授课的 PPT 或讲稿、教学日志、考核资料和成绩等），每缺一项扣除课酬的 10%，并不能享受"双导师"的一切奖励。

（3）学校质量管理办公室和企业组织学徒完成的教学评价结果不合格，取消专项现代学徒制评优、评先资格和导师资格。

（本办法由学院教务处负责解释。）

清远职业技术学院
现代学徒制校企联合招生管理办法

(2014 年 6 月修订)

实施现代学徒制是我校工学结合人才培养模式的重大改革，为落实"阳光高考"，体现招生的公平、公开、公正，进一步规范招生工作管理，实现招生工作的标准化、科学化，根据广东省教育厅关于高等院校招生的相关文件精神的要求，依据现代学徒制校企联合招生、联合培养的基本特征，结合我校实际情况，特此修订本管理办法。

一、指导思想

以《国务院关于加快发展现代职业教育的决定》（国发〔2014〕19 号）以下简称《决定》）精神为指导，以《广东省教育厅关于做好 2014 年高等职业院校自主招生试点工作的通知》（粤教考函〔2014〕7 号）（以下简称《通知》）的精神为依据，以实现学校招生与企业招工相结合为目标，以公开、公正和公平为准则，修订现代学徒制招生管理办法。

二、组织保障

1. 构建招生机构，实现领导保障

按照校企联合招生、联合培养的基本原则，在清远市职业教育集团内成立现代学徒制招生工作领导小组。职教集团理事长（清远职业技术学院院长）任组长、副理事长（清远市政府办副秘书长）和常务副秘书长（清远职业技术学院副院长）任副组长，政府相关职能部门负责人、参加现代学徒制联合办学的企业负责人、清远职业技术学院教务处处长、实施现代学徒制的二级院（系）主要负责人为成员。

现代学徒制招生工作领导小组是招生工作的指挥中枢，主要职责是负责重大工作问题的决策，协调招生工作各方面的关系，并对招生工作过程进行监督管理。

2. 制定招生方案，落实工作任务

清远市职业教育集团理事长单位——清远职业技术学院牵头组建现代学徒制招生工作组。常务副秘书长（清远职业技术学院副院长）任组长，联合招生企业负责人、教务处分管领导、实施现代学徒制的二级院（系）分管负责人和招生工作相关工作人员为成员。

现代学徒制招生工作小组是招生工作的具体执行机构，是在领导小组的指导下，教务处牵头组织和实施现代学徒制自主招生考试工作，并制定详细的招生工作实施方案，合作企业和二级院（系）积极配合教务处落实具体招生工作。

三、基本要求

1. 认真学习，领会精神

招生工作小组要组织现代学徒制招生的相关工作人员认真学习国务院《决定》和广东省教育厅的招生《通知》，深刻领会国务院《决定》中校企联合招生、联合培养的精神实质；领会教育厅《通知》中招生相关规定的操作程序，确保招生工作顺利开展。

2. 联合招生，分类实施

招生工作要根据现代学徒制的生源具有多样性的特征，校企联合共同制定不同生源的招考方式、标准、优先录取条件和奖励加分标准等具体的招录办法，对不同的生源实施分类招生。

3. 精心组织，落实工作

招生工作是一个"阳光工程"，涉及面广、关注度高，并具有很强的政策性，在招生工作中必须做到精心组织、统一思想、协调行动，严格按照招生详细的工作实施方案，根据不同招收对象、特点和要求，明确工作目标，理清工作思路，落实工作任务，理顺工作流程，有条不紊地做好招生工作。

4. 严格管理，保证公平

严格遵守广东省教育厅的招生《通知》精神，按照规范的招生工作程序，认真开展具体工作。纪检部门全程参与招生工作的各个环节，对报名条件弄虚作假、考试违纪、录取违规的考生及工作人员，按国家招生考试的相关规定处理，以保证招生录取工作的公平。

四、工作内容

（1）二级院（系）开展企业调研与宣传工作，与联合开展现代学徒制的企业签订联合办学协议，确定招生专业名称和招生人数，并报学校教务处核批。

（2）学校教务处向省教育厅申报招生计划。批准后的招生计划送达合作企业存档。

（3）合作企业根据招生计划，提供企业招工（招生）的相关宣传材料，对本企业报名员工进行资格初审，并按时将企业宣传材料和初审资料转交到学校教务处（招生办）审核。

（4）学院网络中心配合教务处做好网络宣传、网上报名、信息整理、资格审核、结果公示等工作。

（5）在教务处（招生办）的指导下，二级院（系）和企业组织、指导考生进行网上录入报名信息确定等工作。

（6）教务处牵头组建校企联合招生考试命题专家库，抽取命题小组完成综合文化考试和技能实操考试的命题工作。

（7）教务处牵头校企共同确定技能实操考试的具体场所，确定监考和评卷人员，协商处理招生考试的其他相关事宜。

（8）学校与企业共同制定加分奖励标准、录取标准、录取条件和录取办法等相关具体事宜。

（9）达到校企共同制定的录取标准和条件的考生，学校将拟录取考生名单在校园网公示以后，上报省教育考试院核准。经省教育考试院核准后，办理相关录取手续，发放录取通知书。

（10）学徒入学后，学校与企业在3个月内按照规定对档案材料和健康进行复查，对弄虚作假或违纪违规行为的考生按照相关招生考试的违纪规定处理。

五、招录方式

1. 普通应届高中毕业生

普通应届高中毕业生是通过全国统一招生考试的方式招生，按照择优录取的原则，合作企业根据岗位用人的特殊需求，制定优先录取条件。在同等条件下，优先录取符合优先录取条件的考生。

新生入学时与企业签订就业意向书，实施校企联合在校培养；第三学年学生与企业以双向选择的方式签订就业协议，实施校企联合在岗培养。

2. 中职应届、往届毕业生和往届高中毕业生

中职应届、往届毕业生和往届高中毕业生采用校企联合的自主招生方式，依据上级自主招生的相关规定，按照学校招生与企业招工相融合的原则，校企合作分工协调共同完成整个招录工作。

达到录取条件的考生首先与合作办学企业签订劳动协议，学校发放录取通知书，并建立学籍档案，实施校企联合培养。

3. 合作企业员工

按照上级自主招生的相关规定，合作企业员工报考现代学徒制采用企业员工自愿报名、企业审核和企业推荐相结合的报名办法，由企业组织，校企共同完成报名、考试与录取工作。

达到录取条件的考生与企业按照自愿互利的原则签订相关协议，学校发放录取通知书，并建立学籍档案，实施校企联合在岗培养。

六、免试录取

对于获得教育部主办或联办的全国职业院校技能大赛三等奖及以上奖项，或由省级教育行政部门主办或联办的省级职业院校技能大赛一等奖的中等职业学校应届毕业生，

获奖考生经省教育厅核实资格，我校审核公示，并在教育部阳光高考平台公示后，可免试录取。获奖考生必须填写"免试就读清远职业技术学院自主招生申请表"，并提供证书复印件及获奖文件复印件。

七、奖惩办法

1. 奖励办法

现代学徒制招生工作中成绩突出者按照学校招生奖励办法实施奖励，同时企业根据其相关管理制度给予奖励。

2. 处惩办法

现代学徒制招生工作中出现重大失误的学校工作人员按照学校的教学事故相关规定实施处惩，企业工作人员按照企业生产事故进行处惩。纪检部门按照教育部令第 18 号《国家教育考试违规处理办法》对违规工作人员进行处理。

（本管理办法由校企共同制定，学校教务处解释。）

清远职业技术学院
专业技术技能委员会章程

(2014 年 7 月修订)

第一章 总 则

第一条 清远职业技术学院专业技术技能委员会是以专业群职教联盟为平台,对原有专业建设指导委员会的内涵功能进行拓展,是由来自政府部门、行业、企业和中高职院校的专业技术与管理人员组成的,是清远市职业教育集团内具有指导、咨询、交流、决策、项目开发、职业教育研究、评价监测等功能的政、行、校、企合作机构,以保证集团内各院校专业建设质量和人才培养质量,促进集团成员之间的创新协同发展。该委员会不具备法人资格和行政领导义务,在学校教务处的统一指导下开展业务工作。

第二条 本会严格遵守国家法律及党的路线、方针和政策,以服务地方社会经济发展为宗旨,以提升专业人才培养质量和专业服务能力为根本,促进集团内各成员的协同创新与发展,为培养高素质技术技能型人才服务。

第二章 专业技术技能委员会的职责范围

第三条 职责范围

一、专业技术技能委员会委员的具体工作职责

1. 负责制定专业对应的职业岗位人才培养标准,通过岗位分析,明确专业人才培养的定位。

2. 确定胜任岗位必须掌握的知识、技能以及持续发展必备的学习力和素质,制订专业人才培养方案,设计课程体系,以及人才评价关键指标。

3. 协助决策专业发展的重大事项,如招生规模、师资评价和培养、课程标准、实训基地(实训室)建设等。

4. 组织实施其他专业建设项目,协调专业人才培养所需资源的开发。

5. 指导撰写年度专业建设计划和专业建设分析报告。

6. 指导撰写年度专业人才培养状况质量分析报告。

7. 承担现代学徒制人才培养所需的企业课程教学点的实训条件、师资(企业带教师傅)条件和管理水平的审核与评价工作。

8. 承担现代学徒制学分互认和转换的认定工作。

9. 完成学院下达给专业技术技能委员会的其他任务。

二、专业技术技能委员会基本的工作程序

企业技术人员或专家提供企业岗位能力需求、岗位用人规格、岗位任职与晋升考核标准；行业协会的技术人员或专家负责解读国家或行业职业标准，并按照行业的发展情况提出补充需求；专业技术技能委员会制定人才培养标准及人才培养方案，并管理、监督实施过程，评价实施效果及加强改进措施。

第三章　委　员

第四条　本委员会的委员每届任期为三年，任职年龄通常在60岁以下，最高年龄一般不超过70岁。

委员会委员应具备的基本条件：

1. 拥护本会的章程。
2. 在本行业、本学科领域有一定的影响或取得一定的业绩。
3. 关心教育事业和清远地区经济建设，热心专业人才培养工作，有加入本会的意愿。

第五条　委员的义务

委员会委员履行的基本义务：

1. 能自觉履行专业技术技能委员会委员的具体工作职责。
2. 为清远职业教育集团和专业群职教联盟的建设与发展出谋献策。
3. 及时向学院专业建设提供行业发展的新信息，解读新政策。
4. 接受学院或专业所在教学单位的邀请，为专业教师或学生开展专业技术讲座。
5. 参加每年召开的专业技术技能委员会全体会议，并对专业建设和教育教学改革与创新提出意见与建议。

第四章　组织机构

第六条　专业技术技能委员会专家组由9~11名相关人员组成。其中3~4名是来自学校的专业带头人、骨干教师；2名来自政府相应职能部门熟悉专业岗位工作的人员；4~5名来自企业（行业），包含"雇主"及精通专业岗位的技术人员或管理人员。委员会设主任委员1名、副主任委员2名、秘书长1名。

主任、副主任委员为专业技术技能委员会的主要领导。主任委员应由在本专业领域具有明显成就的专家或具有相当职务的行业、企业、政府有关部门或有关社会人士担任；其中1名副主任委员由学院相应专业所在二级学院的领导担任，负责主持日常工作；秘书长由专业负责人担任，负责日常事务工作。

专业技术技能委员会成员由专业所在的二级学院推荐，教务处审批，学校分管领导核准，人事处备案。

第五章 附 则

第七条 清远职业教育集团理事会应重视专业技术技能委员会委员的意见与建议，并及时研究与落实。

第八条 学校全力支持专业技术技能指导委员会的工作，并为委员会开展工作提供良好的工作环境与工作条件。

第九条 各专业根据此章程制度相应的工作制度或工作章程。

清远职业技术学院
2014 年 6 月

附：清远职业技术学院专业技术技能委员会审批表

清远职业技术学院
××××专业技术技能委员会委员审批表

姓名		性别		出生年月		民族	
单位					职务/职称		
毕业学校					学历/学位		
毕业专业				工作领域			
通信地址					邮政编码		
联系电话		手机			电子邮箱		

主要工作经历	起止时间	工作单位	技术职务	行政职务

二级学院推荐意见
拟推荐的专业技术技能委员会_____职务   二级学院签章 年　月　日

续上表

教务处审批意见	教务处签章 年　月　日
学校分管领导核准意见	学校分管领导签章 年　月　日

注：1. 推荐人选需提供毕业证书、职称证书或技能证书复印件。
　　2. 该审批表一式三份，教务处、人事处和二级学院各一份存档。

现代学徒制专业教学督导管理办法

(2014 年 6 月修订)

为进一步推动和规范我校现代学徒制专业的教学及管理工作,依据学校制定的现代学徒制相关管理规定,特制订本教学督导管理办法。

一、督导工作的主要环节

教学督导要坚持以规范化、专业化、科学化为原则,遵循职业技术教育的规律和现代学徒制的特性,把握督导结合、以导为主、重在建设的工作方法,在教学督导实践中主要发挥监督检查、分析评议、培育引导、报告建议的促进作用。我们抓住教学管理的招生工作、教学资源准备工作、教学运行工作、教学考核工作主要环节开展督导工作。

二、督导的主要内容

督导阶段	主要督导工作	基本要求
1. 招生阶段	招生政策的执行	严格执行国家、广东省招生政策
	招生(招工)录取工作	录取工作规范,入学前完成招生(招工)工作流程
2. 教学准备阶段(开学前两周完成督导检查工作)	专业人才培养方案	符合学校对现代学徒制专业人才培养方案制订的要求,并完成审核工作
	"双导师"的聘用与培养工作	完成聘任审批工作。满足专业教学的人数和质量要求
	教学计划	完成专业教学计划审批
	教材或讲义	完成教材采购和自编讲义的撰写及审批工作
	教学场地、仪器、工具等	学校和企业完成教学场地和所需设备、工具的准备工作
	教案	学校(企业)导师完成教学准备工作,至少完成前两周的教案设计

续上表

督导阶段	主要督导工作	基本要求
3. 教学运行阶段（各个学期第 8~12 周期间进行督导检查工作）	专业开课情况	能按照教学计划按量按时开课
	课程教学计划执行情况	完整的课程日志等资料，以证明授课人、授课对象、授课时间和地点，资料具有可追溯性
	课程教学质量	随机抽查两门以上课程的教案，与课程标准、教学计划等具有一致性
	企业培训、岗位培训等课程执行情况	这是现代学徒制专业的关键环节，每学期督导室和教务处对每个专业每个年级组织 1 次以上的现场听课，对教学质量做出评价，并收集整理学生（员）的反馈意见
	实践条件、相关设备、工具的使用情况	使用的记录资料以证明有效保证了相关教学任务的完成
	学生任务训练与作业	检查学生任务训练与作业以证明教学符合课程标准的要求
	教学运行管理资料	抽查教务处、教学部门日常教学管理资料，教学计划的变更要按教务处教学管理规定办理相关变更手续，审批资料齐全
	随机听课与在岗培养巡查	教学部门二级督导每学期对每个专业每个年级至少组织一次随机听课，收集教学质量信息。督导室同时也组织随机听课与在岗培养巡查，每学期不少于 5 次。相关听课和巡查资料完备并具有可追溯性
4. 教学考核阶段（各个学期 16 周后两个月内完成督导检查工作）	考试（核）准备工作	在考核两周前完成考核所需的试卷、方案设计和相关设备、工具的准备
	考试（核）实施工作	严格按照学校的考试（核）的管理规定，有完整的过程记录资料
	考试（核）结果资料	完整的考核结果资料（文字或影像），具有可追溯性，符合学校的管理规定
	专业教学执行情况	有专业教学执行情况总结资料。学生（员）毕业时，学分和学时比率达到专业人才培养方案要求的规定
	毕业论文或设计	符合专业人才培养方案的规定要求

三、督导方式和相关职责

督导工作主要采取查阅相关资料和现场检查的方式。教学部门的二级督导负责本部门的日常督查，并将督查情况记录完整存档。学校督导室、教务处以开学、期中、期末教学检查为主开展督查工作，并将督查情况及时反馈到教学单位，以提高教学质量。

（本管理办法的解释权属学校督导室。）

清远职业技术学院
二〇一四年六月二十八日

教学过程文件

清远职业技术学院
现代学徒制课堂教学教案

（在校培养）

201　—201　学年度第　学期

二级院系：＿＿＿＿＿＿＿＿＿＿＿＿

专业名称：＿＿＿＿＿＿＿＿＿＿＿＿

课程名称：＿＿＿＿＿＿＿＿＿＿＿＿

课程导师：＿＿＿＿＿＿＿＿＿＿＿＿

授课时间：＿＿＿＿＿＿＿＿＿＿＿＿

2014 年 6 月教务处制

教案撰写总体要求与说明

　　现代学徒制双元育人的课堂教学是培养学徒的重要组成部分，按照生源的不同，培养的方式可采用在校培养和在岗培养。在岗培养集中授课的专业课程课堂教学教案应建立在基于合作企业岗位职业能力分析的基础之上，授课的方式应以合作企业的生产案例或项目为背景实施课程设计，典型的其他生产案例也可以，但必须将培养学徒职业素养、技术和技能点融入案例或课程项目之中，通过课堂教学提升学徒的职业素养、专业技术和岗位技能，在满足行业基本技术的要求下，实现教学内容与合作企业的岗位工作内容、教学过程与生产过程的对接。

　　现代学徒制是一种创新性人才培养模式，我校也在探索之中，本课堂教学教案体例与要求仅作为教学管理的一个程序文件，学校期望通过本体例规范教学过程与管理，并由此不断探索深化现代学徒制教学管理，形成我校的特色。为此，望各位老师遵照执行，并在实际教学过程中，结合课程特点不断探索创新，提出切实可行的修订意见与建议，以便该体例的不断完善，谢谢！

课堂教学教案信息表

授课导师信息	学校导师		职　称	
	企业导师		职称/职务	
授课课程信息	总学时		理论课　　学时；实验课　　学时		
	周学时		考核方式	
	课程学分		授课时间	
授课对象信息	授课对象二级院系			
	授课对象班级			
教学资源信息	使用教材信息			
	课程标准制定人			
	职业资格证书			

教研室检查情况：

教学单位检查情况：

清远职业技术学院在校培养课堂教学设计

授课导师	授课内容（任务）	授课班级	周次	星期	节次	授课日期
						月　日
						月　日
						月　日
						月　日

教学目标	专业技术目标	岗位技能目标	职业素养目标

针对的岗位任务	
案例与授课内容	

一、案例

二、授课内容

训练任务	
课后小结	

清远职业技术学院
现代学徒制课堂教学教案

（在岗培养集中授课）

201　—201　　学年度第　　学期

二级院系：_____

合作企业：_____

专业名称：_____

课程名称：_____

课程导师：_____

授课时间：_____

2014 年 6 月教务处制

教案撰写总体要求与说明

现代学徒制双元育人的课堂教学是培养学徒的重要组成部分，按照生源的不同，培养的方式可采用在校培养和在岗培养。在岗培养集中授课的专业课程课堂教学教案应建立在基于合作企业岗位职业能力分析的基础之上，授课的方式应以合作企业的生产案例或项目为背景实施课程设计，典型的其他生产案例也可以，但必须将培养学徒职业素养、技术和技能点融入案例或课程项目之中，通过课堂教学提升学徒的职业素养、专业技术和岗位技能，在满足行业基本技术的要求下，实现教学内容与合作企业的岗位工作内容、教学过程与生产过程的对接。

现代学徒制是一种创新性人才培养模式，我校也在探索之中，本课堂教学教案体例与要求仅作为教学管理的一个程序文件，学校期望通过本体例规范教学过程与管理，并由此不断探索深化现代学徒制教学管理，形成我校的特色。为此，望各位老师遵照执行，并在实际教学过程中，结合课程特点不断探索创新，提出切实可行的修订意见与建议，以便该体例的不断完善，谢谢！

课堂教学教案信息表

授课导师信息	学校导师		职　　称	
	企业导师		职称/职务	

学徒基本信息	学徒单位	
	学历基础	
	基本学制	

授课课程信息	总学时	集中授课	任务训练	企业培训	岗位培养
	授课时间	年　　月至　　年　　月		学分	
	考核方式	理论考试	课程答辩	任务考核	业绩考核
	权重值				

教学资源信息	使用教材信息	
	课程标准制定人	
	职业资格证书	

教研室检查情况：　　　　　　　　　　　　教学单位检查情况：

清远职业技术学院在岗培养课堂教学设计

授课导师	授课内容（任务）	授课班级	学时数	授课地点	授课日期
					月　日
					月　日
					月　日
					月　日

教学目标	专业技术目标	岗位技能目标	职业素养目标

针对的岗位任务	

企业案例或典型案例

授课内容

岗位训练任务		企业导师	
课后小结			

清远职业技术学院
现代学徒制课堂教学计划

（在岗培养）

201　—201　　学年度第　　学期

二级院系：_____

专业名称：_____

课程名称：_____

课程导师：_____

授课时间：_____

2014 年 6 月教务处制

课堂教学基本信息表

授课导师信息	学校导师		职 称		
	企业导师		职称/职务		

授课对象信息	授课对象二级院系	
	授课对象班级	
	学徒来源与基础	

授课课程信息	总学时	集中授课	任务训练	企业培训	岗位培养
	授课时间	年 月至 年 月		学分	
	考核方式	理论考试	课程答辩	任务考核	业绩考核
	权重值				

教学资源信息	使用教材信息	
	课程标准制定人	
	职业资格证书	

课程教学总体目标	课程教学总体目标（专业技术目标、岗位技能目标和职业素养目标）

专业技术技能委员会的意见		学院教务处的审批意见	

清远职业技术学院在岗培养课堂教学安排表

序号	授课方式	授课内容	学时	学校导师	企业导师	起止时间
1						
2						
3						
4						
5						
6						
7						
8						
9						
10						
11						
12						
13						
14						
15						
16						
17						
18						

注：1. 授课方式分为集中授课、企业培训、任务训练和在岗培养四种。
    2. 集中授课和企业培训分次填写，授课一次填写一行，授课时数要与人才培养方案一致。
    3. 任务训练和在岗培养按企业导师填写，每位导师填写一行，但授课时数要与人才培养方案一致。

清远职业技术学院
现代学徒制"双导师"聘任审批表

姓名		性别		出生年月		民族	
工作单位					职务/职称		
毕业学校					学历/学位		
毕业专业				工作领域			
通信地址					邮政编码		
联系电话			手机		电子邮箱		

主要工作经历	起止时间	工作单位	技术职务	行政职务

二级院系推荐意见	拟聘用的时间与担任的主要工作(包括课程、指导毕业论文和专业建设等内容) 　　聘用期从20_____年_____月至20_____年_____月,拟承担课程、指导学徒开展毕业设计、参与专业建设和教研教改等工作。 　　　　　　　　　　　　　　　　　　　　　　　二级院系签章 　　　　　　　　　　　　　　　　　　　　　　　　年　　月　　日
合作办学企业意见	 　　　　　　　　　　　　　　　　　　　　　　　合作企业签章 　　　　　　　　　　　　　　　　　　　　　　　　年　　月　　日
学校审批意见	 　　　　　　　　　　　　　　　　　　　　　　　教务处签章 　　　　　　　　　　　　　　　　　　　　　　　　年　　月　　日

注:1. 聘用人选需提供毕业证书、职称证书或技能证书复印件。
　　2. 该审批表一式两份,二级学院和企业各一份,教务处复印存档。

现代学徒制课程考核的指导性意见

课程考核包括笔试、面试（课程答辩）、任务考核和业绩考核，每门课程根据实际情况，选择两种或两种以上考核方式。每种考核方式所占课程成绩的权重自行确定。

1. 笔试的基本要求

主要考核学徒对专业基础技术的应用情况、基本岗位技能的掌握情况和对职业素养的理解。

（1）内容要求：笔试试卷原则上以学校导师为主，校企双导师共同完成，内容基本覆盖课程对应的专业技术、岗位技能、职业素养要求，突出重点和应用解决实际工作问题的能力。

（2）格式要求：按照学院教务处现行关于试卷格式的要求。建议参照职（执）业资格考试的要求，尝试人机对话考试。

（3）题型要求：选择题（单选题、配伍选择题、多选题中任选其中两种，多选题的比例不超过20%）、判断题。总题量范围100~150题。

（4）分值要求：卷面总分为100分。

（5）考试时间：100~120分钟。

2. 面试（课程答辩）的基本要求

主要考核学徒对专业技术的实际理解程度、岗位技能的掌握情况、沟通能力、表达能力、应变能力。

（1）内容要求：面试答辩题由校企"双导师"共同命题，以学徒岗位工作任务中常见问题和突发情况为主要考核内容。

（2）考试方式：采用主观问答的方式，双导师共同编制至少10道以上题目，学徒随机抽取2~3题作答。

（3）分值要求：总分为100分。

（4）考试时间：20分钟。

3. 任务考核的基本要求

主要考核学生对专业技术的应用能力、转移能力、岗位技能的实际掌握程度。

（1）内容要求：由校企"双导师"共同负责，学徒工作岗位中的基本任务。

（2）任务考核的形式：作品、产品、调研报告或其他。

（3）分值要求：总分为100分。

（4）考核时间：课程结束前两周。

4. 业绩考核的基本要求

主要考核学生对技术、技能掌握与运用的成效和职业素养成效。

（1）内容要求：业绩由企业相关部门和企业导师负责考核，主要内容包括出勤考核、客户评价、管理人员评价、新产品、销售业绩、专利授权情况、获得立项的产学研课题、撰写论文等。其中集中授课学徒的出勤考核所占业绩考核的权重不能低于20%。

（2）分值要求：总分为100分。

（3）考核时间：以学期为考核周期。

现代学徒制专业人才培养合作企业调研报告的基本要求

专业人才培养合作企业调研报告是确定专业定位、制订人才培养方案的重要依据，其内容主要包含合作企业（单位）概况、职业岗位（群）的情况、职（执）业资格考证的基本要求、调研结论等内容。

一、合作企业（单位）概况

合作企业的概况包括企业名称、企业类型与性质、企业注册地、企业规模（员工数、生产产值等）、企业文化特点、基本生产设备与产品情况，员工待遇、户籍与学历构成情况，组织机构等方面。

二、职业岗位（群）的情况

调研企业需求的主要工作岗位（群）和岗位（群）主要工作职责，分析岗位对学徒的专业技术、岗位技能和职业素养要求。

三、职（执）业资格考证要求

与本专业培养方向有关的职（执）业资格证书、技能等级证书等对专业技术、岗位技能和职业素养要求。结合行业、企业的实际情况对这些证书的合格标准进行分析，并对某些不符合行业、企业需求的国家职业资格证书考试标准进行修订补充。

四、调研结论

调研的主要结论应包括本专业与该行业或企业未来继续合作办学的发展前景、明确专业人才培养定位、预测学徒制招生规模、确定需要进行工作岗位（群）职业能力分析的具体岗位和第一证书的设置。

五、格式要求

（一）文字书写

调研报告题目字体为"黑体""小二号""加粗""居中"。
第一级标题为"一""二""三"等，字体为"宋体""三号""加粗"。
第二级标题为"（一）""（二）""（三）"等，字体为"宋体""小三号""加粗"。

第三级标题为"1""2""3"等，字体为"Times New Roman""四号""加粗"。

第四级标题为"（1）""（2）""（3）"等，字体为"Times New Roman""小四号"。

正文内容的中文字体为"小四号""宋体"，正文中的数字和字母为 Times New Roman。

行间距选择为固定值 26 磅。

（二）量和单位

调研报告中的量和单位必须符合用中华人民共和国国家标准 GB 3100~3102-93，它是以国际单位制（SI）为基础的。非物理量的单位，如件、台、人、元等，可用汉字与符号构成组合形式的单位，例如"件/台""元/km"。

（三）插入表格

每个表格应标注表序和表题，表序和表题应排放在表格上方居中，表序后空一格再书写表题，如"表 1　岗位需求统计表"，其中表 1 为表序，岗位需求统计表为表题。表序、表题和表格内容的字体均为"宋体""五号"，若有数字和字母字体则为"Times New Roman""五号"。

（四）插入图片

插图一律插入正文的相应位置，每幅插图应有图序和图题，图序和图题应放在图位方居中处，图序和图题一般用"宋体""五号"，若有数字和字母字体则为"Times New Roman""五号"。

（五）页面设置

上、下各 2.54 cm，左、右各 3.17 cm。

清远职业技术学院
制订现代学徒制专业人才培养方案的指导性意见

（2014年6月修订）

为了推进我校现代学徒制工作的顺利开展，根据现代学徒制人才培养的内在规律，参照职业教育的相关规定，借鉴国内外成功经验，结合学校的实际情况，特此修订本指导性意见。

一、指导思想

以《国务院关于加快发展现代职业教育的决定》（国发〔2014〕19号）精神为指导，参照教育部《关于制订高职高专教育专业教学计划的原则意见》，依据校企联合招生、联合培养的现代学徒制特点，从岗位职业能力分析入手，开发现代学徒制专业课程，构建专业课程体系，配置优化多方资源，以形成现代学徒制人才培养方案。

二、基本原则

现代学徒制是适应经济发展、产业升级和技术进步需要的一项重要的创新改革策略，是以校企合作为基础，工学结合为核心，培养面向生产、建设、服务和管理第一线需要的高素质技术技能型人才为根本目的的一种人才培养模式，为确保现代学徒制向着正确的方向发展，各专业制订人才培养方案必须坚持以下原则。

1. 政行校企合作原则

各专业要以清远市职业教育集团为平台，依托专业（群）职教联盟，以协同共赢为合作的利益平衡点，深化政行校企间的合作，深入企业进行调研，并根据企业的实际需求，按照校企联合招生、联合培养的指导思想，校企双方共同制订人才培养方案。

2. 工学结合原则

工学结合是现代学徒制实施的核心内容，专业课程的开发、专业课程体系的构建、"双导师"课程教学安排与答疑、学徒任务训练与学业成绩考核和教学过程管理与评价等均要以满足学徒边工边读的需求为主要依据，以体现现代学徒制的人才培养方案中产教融合、工学结合的特色。

3. 因材施教原则

现代学徒制生源复杂，在制订人才培养方案时要充分考虑生源岗位的不同，要对生源进行深度分析，按照"宽基础、多模块"的原则制订人才培养方案。"宽基础"是指专业技术技能基础课程要能满足多个岗位对基础知识和基本技能的基本需要，"多模块"包括是以特定工作岗位而设置的岗位技术技能课程模块，学徒可自行选择其中的某一模块。同时考虑学徒自我发展的需求，应开设拓展自选课程。

4. "双证书"原则

各专业在专业课程开发和专业课程体系构建中，要把学徒工作岗位所对应的职业资格证书考试内容纳入专业课程体系，并把获取双证书（学历证书和职业资格证书）作为学徒出师（毕业）的标准。

5. 岗位成才原则

专业人才培养规格、专业教学标准和学徒学业考核标准的制定均要以岗位用人标准和岗位晋升考核标准为依据；专业课程设置、课程体系构建要从岗位职业能力分析着手，在岗培养要开发基于岗位工作任务的专业课程教学内容，构建基于典型工作过程的专业课程体系；专业课程教学过程要与岗位生产过程相结合，以适应学徒在岗学习；教学过程管理手段和教学质量评价要与企业的管理制度相结合，以适应在岗培养教学的需求。

三、基本内容与要求

现代学徒制人才培养方案的基本内容不是对现有人才培养方案的全盘否定，而是根据校企一体化双元育人和学徒岗位成才的要求，对人才培养方案的创新，其基本内容与要求如下。

1. 培养规格

人才培养规格的制定要以培养高素质技术技能型岗位人才为根本，以行业岗位用工的基本标准为依据，参照国家和地方职业资格规范要求确定专业人才培养规格。

2. 学制规定

现代学徒制的生源主要有三大类、两种招生方式，按照招生的方式不同其学制分为2年制和3年制。自主招生的学徒一般学制为2年，应届高中毕业招生的学徒学制为3年。从企业员工中招生实施完全学分制的学徒，可实施弹性学制，出师毕业的年限为2~8年，在规定学习年限内，完成规定学分、达到毕业条件的准予出师毕业。

3. 课程设置与开发

现代学徒制的课程大致可以分为四大类。一是职业素质基础课程（包括"两课"、英语、常用办公软件和企业公文写作等），"两课"课程教学内容必须按照教育部的相关规定制订教学计划，但教学方式可灵活多样；其他课程的教学内容、授课方式、考核手段等可以根据企业的实际情况灵活掌握。二是专业技术技能基础课程，专业技术技能基础课程必须以行业工作岗位的通用工作任务和职业基础能力为依据，确定教学内容和课程标准，每位学徒必须掌握所有专业技术技能基础课程。三是岗位技术技能课程，每个专业必须以企业具体岗位的核心能力、合作企业岗位用人标准为依据，以职业资格考试为参考，开发至少两个岗位方向的技术技能课程组合模块，供学徒进行选择，必须采取师带徒岗位培养。四是拓展自选课程，学徒自由选择，由校企联合委派企业师傅，以师带徒的方式，实施在岗的个性化培养。

4. 专业课程体系构建

现代学徒制的专业课程体系构建的一般要求是，必须结合学徒成长规律、认知规律，注重学历教育与岗培训教相融合、教学过程与生产过程相结合。专业课程体系构建步骤：第一步，专业岗位调研，明确专业所服务的主要岗位（群）。第二步，专业岗位任务分析，确定主要岗位（群）的具体工作任务和工作流程。第三步，岗位职业能力分析，明确每个岗位工作任务所需的基本知识与技能点。第四步，依据学科知识逻辑，或者是工作过程设置或开发专业基础课程，构建专业技术技能基础课程模块。第五步，根据合作企业岗位用人的特殊需求，设置或开发专业企业课程，构建多个可供学徒自由选择的岗位技术技能课程模块。第六步，设置不分专业的职业素质课程，包括"两课"，构建职业素质基础课程模块，并设学徒拓展课程模块，组成专业教学课程构成表。第七步，按照企业的生产或工作过程确定开课次序，以构建专业课程教学进程表。

现代学徒制人才培养的过程可分为在校培养和企业在岗培养。在岗培养必须要设置或开发基于工作任务的专业课程，并打破学科体系框架，构建基于岗位工作过程的专业课程体系；在校培养要设置或开发基于工作任务的专业课程，可根据专业特点和合作企业的需求，构建基于岗位工作过程的专业课程体系，或者是基于知识逻辑的专业课程体系。

5. 授课方式

现代学徒制的授课方式主要分为四种：集中讲授、企业培训、任务训练和岗位培养。集中讲授主要适用于职业素质基础课程、专业技术技能基础课程，一般以班级为单位进行教学；企业培训主要是企业专题讲座、企业生产岗位或实训场地等场所的实操演示；任务训练主要是课程中设计的若干个训练任务，学徒在岗位工作中独立完成的任务训练；岗位培养主要是在企业岗位进行的"师带徒"教学方式，是以学生为主体、企业导师指导的实践教学。

6. 课程实施

课程的实施采用"双导师"联合授课制度：职业素质基础课程以学校教师为主，在企业课程教学点采取集中授课的方式；专业技术技能基础课程，采取导师组负责制，主要由1名学校导师、若干名企业导师组成，以学校导师为课程负责人，主要负责课程理论教学与组织协调工作，企业导师以师带徒的方式负责课程岗位技能教学与考核；岗位技术技能课程、拓展自选课程以师带徒的方式进行岗位培养。

7. 学徒学业考核

现代学徒制考核包括课程考核和综合能力考核。课程考核的原则是突出对实际工作能力、工作结果进行考核，考核的方式可以灵活多样，包括笔试、面试、任务考核、业绩考核等，但必须具有可以存档的原始资料；综合考核（毕业设计或论文）的原则是针对工作岗位出现的生产故障、技术难点，进行毕业设计或论文的选题。基本的方式是企业导师、学校导师和学徒三方共同选题，"双导师"共同指导学徒完成毕业设计或论文，其中学校导师负责论文的框架、格式和理论指导，企业导师负责具体岗位技术技能的指导。

8. 审批流程

人才培养方案由各二级院系负责组织，专业负责人执笔，校企合作共同制订或修订，二级院（系）专业技术技能委员会集体研究审定，二级院（系）负责人签章，报学院主管教学院长核批，教务处备案实施。

四、内容说明

1. 学时规定

各专业毕业总学分控制在 80~100 学分，教学活动总学时一般在 1 440~1 800 学时，其中实践教学学时（含企业培训、任务训练和岗位培养）占总学时比例不低于 60%。

2. 学分计算

理论教学以学时为单位计算，每 18 学时为 1 个学分；实践教学以周为单位计算，每 1 周（折合 20 学时）为 1 个学分。

五、人才培养方案基本框架（详见附件）

六、其他说明

（1）经批准实施的人才培养方案是学校教学工作的基本文件，应保持其权威性和稳定性，实施过程中一般不得更改。特殊情况确需做少量调整，须由专业负责人按学院有关制度提出书面报告，经二级院（系）负责人签字同意，教务处审核，经主管教学副院长批准后实施。对于涉及全院性实施计划调整，必须报请院长办公会批准后方可执行。

（2）本规定在执行过程中如有疑问，由教务处负责解释。

附　件

××××级××××专业现代学徒制人才培养方案

一、专业基本信息

1. 专业名称

2. 专业代码

3. 专业类别

4. 学习形式

5. 学制与学历

6. 招生面向

二、职业岗位（群）分析

1. 主要工作岗位

2. 主要工作任务

3. 职业能力要求

三、专业培养目标

四、人才培养规格（主要包括知识、能力和素质相关的结构）

五、专业主干课程描述

主要包括课程名称、课程目标、教学方式、考核办法、教学场所、师资要求等。

六、职业资格考级、考证要求

主要包括职业资格证书名称、等级、考证方式和发证部门等。

七、实施的基本条件

1. 合作企业基本情况（名称、组织结构、生产情况、实施教学条件等）

2. "双导师"基本情况

八、出师条件

1. 毕业前取得（填写总学分数）学分

2. 获得本专业职业技能证书的名称

九、其他情况说明

主要说明企业背景、校企合作特点、生源情况等。

十、人才培养方案附表

附件1：课程体系构成表（略）

附件2：教学进程表（略）

"双导师"互聘共培合作协议

甲方：清远职业技术学院（以下简称甲方）
乙方：××企业（以下简称乙方）
在甲方与乙方联合实施现代学徒制人才培养的框架协议的基础上，经双方协商在校企"双导师"互聘共培事项上共同达成如下协议：

一、合作目的

"互聘"是指甲方聘用企业技术骨干作为现代学徒制企业导师，乙方聘用学校骨干教师作为技术顾问。"共培"是指甲方对聘用的企业技术骨干进行职业教育教学能力培养；乙方对学校骨干教师的岗位技能进行培养。通过甲乙双方的共同培养，形成一支既能适应现代学徒制教学设计、教学实施和教学考核评价，又能适合乙方技术升级需求的"双导师"团队，促进甲乙双方的协同创新发展。

二、资格条件

（一）甲方推荐具有如下条件的教师供乙方选择聘用为生产技术顾问

1. 遵守国家的法律、法规以及方针政策，坚持四项基本原则。
2. 具有现代学徒制所涉及的企业工作岗位工作的经历，至少要通过企业的现场调研，熟悉所任课程涉及的岗位工作对知识、技能和基本素质的需求。
3. 具有大学本科以上学历或中级以上专业技术职务。
4. 业务基础扎实，具有承担本专业（课程）教学任务和企业技术升级的业务能力。
5. 具有良好的职业道德和协作意识，能遵守校企双方的各项管理规章制度。
6. 年龄60周岁以下，身体健康。

（二）乙方推荐具有如下条件的岗位技术人员为现代学徒制企业导师人选

1. 遵守国家的法律、法规以及方针政策，身体健康的企业在岗员工。
2. 具有良好的职业道德和协作意识，能遵守校企双方的各项管理规章制度。
3. 具备大专以上学历、中级以上专业技术职称、高级及以上职业资格等级证书、中层及以上领导职务，至少三年及以上企业岗位工作经历；或具有丰富岗位实践经验，企业推荐的具有五年以上岗位经历的优秀员工。

三、培养内容

1. 职业教育理念的更新培训，主要包括国内外现代职业教育发展的动向和成功案例，国家职业教育改革的最新精神和解读，我校人才培养改革的理念、总体思路和具体实现的路径。培养的核心重点内容是现代学徒制的人才培养理念。

2. 内涵建设方法的培训，重点内容是如何通过政行校企的多方合作与协同，实现专业建设、人才培养模式、企业员工在岗培训和联合技术攻关的改革与创新，以达到校企等多方的协同创新发展。

3. 学校导师企业岗位能力提升培育，重点是熟悉与专业相关行业发展的现状与趋势、合作的大型骨干企业生产情况、结构调整和技术升级中遇到的主要问题、解决问题的方向等。

4. 企业导师重点是执教能力的培训，主要是现代学徒制教学个人教学文件的撰写培训，课程的开发、教学方法和手段等课堂教学常规培训。

四、双方职责

（一）甲方职责

1. 负责推荐符合本协议条件的老师供乙方聘任。
2. 负责牵头制订"双导师"互聘共培计划，双方认可后实施培训。
3. 负责"双导师"的执教理念与执教能力培训，并承担按照计划实施培训的全部费用。
4. 负责按照相关规定解决聘任为技术顾问在企业生产一线期间乙方老师的待遇问题。
5. 负责建立校企"双导师"培训业务档案。

（二）乙方职责

1. 负责推荐符合本协议条件的岗位技术与管理人员供甲方聘任。
2. 协助甲方制订和实施"双导师"互聘共培计划。
3. 为外出受训的乙方人员提供便利条件，确保培训的顺利开展。
4. 指派专门人员指导到本企业生产一线锻炼的甲方人员开展工作。
5. 负责对到本企业生产一线锻炼的甲方人员进行管理与考评。
6. 负责按照相关规定解决聘任为技术顾问到企业生产一线锻炼期间甲方老师的劳动补贴问题。

五、其他

1. 如因不可抗力事件致使协议无法履行，则本协议自动终止。

2. 本协议一式两份，甲乙双方各执一份，合作协议一经双方代表签字盖章即生效，双方共同遵守有关条款。

3. 合作时间本协议有效期为_____年，即_____年_____月至_____年_____月。如需延长合作时间，双方协商确定具体延期时间。

甲方：清远职业技术学院　　　　　　乙方：××企业
法定代表人：　　　　　　　　　　　法定代表人：
委托代理人：　　　　　　　　　　　委托代理人：
　　年　　月　　日　　　　　　　　　　年　　月　　日

清远职业技术学院、_____企业
现代学徒制人才培养方案审批流程表

专业名称_____ 级别_____ 制定时间_____年_____月_____日

按照现代学徒制校企联合培养的基本要求，在深入调研的基础上，依据基于学生将来就业的主要岗位职业能力分析，在专业技术技能委员会的指导下，校企"双导师"团队共同研讨制定了该专业人才培养方案，按照学校的相关规定，提请审批。

附：_____级专业人才培养方案

专业负责人签名：
年　月　日

二级 学院 意见	 二级学院负责人签名（盖章）： 年　月　日
专业技术 技能委员 会意见	 专业技术技能委员会主任签名： 年　月　日
教务处审 核意见	 教务处负责人签名（盖章）： 年　月　日
企业审 批意见	 企业负责人签名（盖章）： 年　月　日
分管院长 审批意见	 分管教学院长签名（盖章）： 年　月　日

校企联合探索现代学徒制企业准入标准

(试行)

现代学徒制是校企联合育人的人才培养过程，在整个人才培养过程中，校企之间存在着合作、分工和协调的关系，为了保证现代学徒制人才培养质量，结合近几年的实践探索，特制定参与现代学徒制的企业的试行准入标准。

一、参与现代学徒制企业的标准

（1）企业应具备合法经营的资格，基本要求是"三证"齐全，即《企业法人执照》《组织代码证》和各类行业的《许可证》。

（2）企业的经营项目与《许可证》许可项目相符，不能对学徒的工作与学习造成伤害。

（3）企业必须按照《公司法》在总则第七条的规定："公司必须保护职工的合法权益，依法与职工签订劳动合同，参加社会保险，加强劳动保护，实现安全生产。"

（4）股份制公司必须有公司章程，并在相关政府部门有备案。

（5）企业能主动接受政府和社会公众的监督，承担社会责任，认可现代学徒制培养模式。

（6）企业的企业文化必须与社会主义的核心价值观相符，有利于学徒正确的人生观和价值观的形成与实现。

（7）企业必须能给学徒提供适合的工作岗位，并为学徒创造良好便利的学习条件，能按照校企合作协议的规定，协助学校实施人才培养。

（8）学徒毕业后，企业能按照双向选择的原则安排学徒在适当的工作岗位就业，能根据学徒的实际工作能力调整企业员工学徒的工作岗位。

（9）与职业院校有较好的合作基础，有自愿参与现代学徒制人才培养的愿望，并与职业院校签订了现代学徒制联合培养协议。

二、建立现代学徒制企业课程教学点的标准

（1）具备参与现代学徒制企业的九条基本标准。

（2）按照现代学徒制课程标准规定，具备承担一门或一门以上课程集中授课教学任务的有关教学设施，主要包括集中授课的多媒体教室、教具和仪器等。

（3）按照现代学徒制课程标准规定，具备承担一门或一门以上课程在岗培养的学徒

工作岗位和指导学徒学习的企业导师。

（4）按照现代学徒制教学管理规定，具备承担一门或一门以上课程教学管理的能力与条件。

三、建立现代学徒制企业教学点的标准

（1）具备参与现代学徒制企业的九条基本标准。

（2）按照现代学徒制课程标准规定，具备承担人才培养方案全部课程集中教学任务的教学设施，主要包括集中授课的多媒体教室、教具和仪器设备等。

（3）按照现代学徒制课程标准规定，具备承担人才培养方案全部课程在岗培养的学徒工作岗位和指导学徒学习的企业导师。

（4）按照现代学徒制教学管理规定，具备承担人才培养方案规定的教学管理能力与条件。

（5）按照校企"互聘共培"原则，具备培养校企"双导师"教学团队的基本条件，主要是能提供学校导师到企业实践的工作岗位和必需的工作生活条件，并委派企业师傅指导实践学习；能为企业导师提供外出进修培训提升的便利条件和优惠的政策支持。

教学监控指标

现代学徒制教学质量满意度调查表

各位同学：为了使课程教学内容和教学方法更贴近岗位工作实际，促进我校教师专业教学能力的提高，请根据如下评分标准：非常满意（90分）、满意（80分）、基本满意（60~70分）、不满意（50分），对任课老师进行实事求是的评价。

序号	评价项目	教师姓名						
		教师1	教师2	教师3	教师4	教师5	教师6	教师7
1	讲授内容的专业性							
2	课程的实用性							
3	教学态度严谨、认真							
4	备课充分、联系实际							
5	措辞准确、条理清晰							
6	表达生动、通俗易懂							
7	案例典型、有启发性							
8	对任课老师的总体满意度							
你认为任课老师需要改进或提升的方面								
你有哪些好的建议，可以让老师的讲授对你帮助更大								
你最喜欢哪个老师上课								
你认为哪个老师对你能力提升帮助最大								

调查人： 　　　　　　　　　　　　　　　　日期： 　年 　月 　日

现代学徒制课堂教学日志

（企业教学点用）

学校导师签字：　　　　　　　　　　　　企业签字：

授课时间			授课地点	
课程名称				

授课内容提要：

_____

训练任务：

_____

学徒出勤签到表

序号	学号	姓名	签名	序号	学号	姓名	签名
1				18			
2				19			
3				20			
4				21			
5				22			
6				23			
7				24			
8				25			
9				26			
10				27			
11				28			
12				29			
13				30			
14				31			
15				32			
16				33			
17				34			

现代学徒制企业导师教学质量评价指标

（学徒用表）

导师姓名_____ 授课课程（任务）_____ 施教地点_____
学生院系_____ 专业及班级_____ 评价时间_____

评价项目	评价内容	优 10~9分	良 8.9~8分	中 7.9~7分	及格 6.9~6分	不及格 5.9分以下
带教态度	解答及时，耐心细致，不敷衍学生					
	关心学徒，能主动帮助学徒解决工作中的问题					
带教过程和内容	岗位操作技能娴熟，示范规范					
	带教内容与专业密切相关					
	带教指导讲解清晰，描述准确、通俗易懂					
	能在规定的时间内完成带教任务					
	能进行工作纪律和职业道德教育					
带教方法	鼓励提出问题和质疑，重视带教效果反馈					
	带教方法适当，能正确处理师徒关系					
	注重对学徒的工作纪律管理					
	对任课老师的总体评价					

你对老师的综合评价和建议是什么？

在你的工作和学习中，最需要导师指导与帮助的东西有哪些？

你认为最好的导师带教方法是什么？为什么？

现代学徒制学生年度鉴定表

20　—20　学年

姓名		专业班级			学号	
企业				工作岗位		
学生自我鉴定						

	评价项目	分值	评分参考标准			得分
导师评价	职业素养	5	有良好的职业道德和敬业精神，服务态度好			
	学习态度	5	接受指导教师的指导，虚心好学，勤奋，踏实			
	工作态度	10	工作积极主动，认真负责，踏实肯干，善始善终			
	人际关系	5	对人热情有礼，尊重指导教师及单位领导			
	沟通能力	10	能积极主动与顾客沟通，理清顾客需求。能根据不同的沟通对象和环境采取不同的沟通方式，达到沟通目的			
	协作能力	10	能正确处理好个人与集体的关系，有团队合作精神			
	创新意识	5	善于总结求新，能提出有建设性的意见或建议			
	心理素质	10	能自我调节工作中的不良情绪，能以乐观积极的心态投入工作			
	专业技能	20	操作规范，岗位技能娴熟，顾客满意度高			
	服务意识	20	以热情友好的态度接待顾客，耐心解答顾客咨询，以最佳的情绪和态度服务顾客，使顾客时刻感受到体贴周到的服务			
	企业导师签名：		学校导师签名：	年	月	日

学校评价	□优秀（90分）　□良好（80分）　□中等（70分）　□合格（60分）　□不合格（60分以下）
	专业负责人签名：　　　　　　　　　　　　　　　　　年　月　日

企业评价	□很满意（90分）　□满意（80分）　□一般（70~60分）　□不满意（60分以下）
	部门负责人签名：　　　　　　　　　　　　　　　　　年　月　日

综合评价	班主任： 　　　　　　　　　　　　　　　　　　　　　　　年　月　日

现代学徒制学校导师教学质量评价指标

（学徒用表）

导师姓名＿＿＿＿＿＿＿＿ 授课课程＿＿＿＿＿＿＿＿＿ 施教地点＿＿＿＿＿＿＿＿

学生院系＿＿＿＿＿＿＿＿ 专业及班级＿＿＿＿＿＿＿＿ 评价时间＿＿＿＿＿＿＿＿

评价项目	评价内容	优 10~9分	良 8.9~8分	中 7.9~7分	及格 6.9~6分	不及格 5.9分以下
教学态度	教学态度严谨，课前准备充分，课程目标和任务明确，教学内容安排有条理					
	解答及时，耐心细致，不敷衍学生					
教学过程和教学内容	讲课思路清晰，阐述准确、表达生动、通俗易懂					
	熟悉教学内容，能理论联系实际					
	教学目标明确，重点突出					
	教学案例典型，能结合岗位工作，有启发性					
	信息量和难易程度适中					
教学手段	教学方法灵活多样，课堂氛围活跃					
	注重师生互动，鼓励学生提问与质疑					
	重视对学生考勤和纪律的管理					
	对任课老师的总体评价					

你对老师的综合评价和建议是什么？

你希望增加或减少哪些内容？对课程有什么更好的建议？

老师讲授的内容对你的工作是否有帮助？

现代学徒制职业素质基础课程教师课堂教学质量评价指标

(学徒用表)

教师姓名_____ 授课课程_____ 学生院系_____
专业及班级_____ 施教地点_____ 评价时间_____

序号	评价指标	权重	评价项目	与评价条目符合或接近程度					评分
				A	B	C	D	E	
1	教学态度	0.2	教学态度严谨，工作认真负责，课前准备充分。在教学中能指导我们明确课程学习的目标和任务，有计划、有条理地安排每次课程，很好地引导我们完成学习任务	20	16	12	8	4	
2	教学过程	0.2	在教学中思路清晰、表达清楚，我们比较容易接受和理解。能够结合企业文化对我们进行职业道德和综合素质的培养，并能够对我们进行就业方面的指导	20	16	12	8	4	
3	教学方法	0.2	教学中所采用的测评及考核方式比较灵活，可以有效地检验我们的学习情况。能够主动征求我们对课程学习的意见和建议，及时解决我们在学习中产生的问题。教学方法有助于我们提升思想道德素质，增强职业素养	20	16	12	8	4	
4	教学效果	0.2	当我们在学习方面需要辅导时，能够提供交流沟通渠道，及时帮助和指导我们，使我们能在规定的时间内完成学习任务，达到课程学习的目标，在内心有学习成就感	20	16	12	8	4	
5	教师素质	0.2	知识丰富，对行业企业文化比较熟悉，上课从不迟到和早退，能够在思想和学习上关心帮助我们，其品格和言行能够对我们今后的工作和生活产生积极的影响	20	16	12	8	4	
			合　　计						

注：从 A 到 E 指符合程度依次从"最符合"至"最不符合"。

案例篇

现代学徒制医疗美容技术专业岗位调研报告

一、背景和意义

1. 实施现代学徒制，符合企业发展目标

随着消费者消费理性的提升、消费知识的积累和个性化服务的需求，都需要美容从业人员能解答消费者对美容产品及美容方法的质疑。因此，美容医学知识、沟通能力、对美的认知和个人魅力都是美容师、美容导师等中高端技术岗位不可缺少的元素，专业与文化素质偏低的从业人员很难满足美容消费者的需求的。目前，企业80%的员工是通过内部培训、师带徒实现岗位需求的。企业充分意识到人才是企业发展的关键要素，实施现代学徒制既是满足员工个人发展的需求，也是企业发展战略目标的要求。

2. 实施现代学徒制有效解决企业人才流动大的问题

美容人才流动性大是企业发展面临的最大问题，而现代学徒制面向企业员工招生，在岗培养，现代学徒制是学校教育和企业培训有机结合的一种职业教育制度，它的特征是：校企双元育人、交互训教、在岗培养；学徒双重身份、工学交替、岗位成才。核心是双元育人。因此，实施现代学徒制在一定程度上使企业员工趋于稳定。

3. 完善现代学徒制人才培养方案，是确保人才培养质量的需要

人才培养方案是开展专业教学的基本文件，是明确培养目标和规格、组织实施教学、确保人才培养质量的基本依据，现代学徒制是以满足企业用人需求与岗位资格标准为服务目标，以校企合作为基础，以学生（学徒）的培养为核心，以课程为纽带，以工学结合、半工半读为形式，以学校、行业、企业的深度参与和教师、师傅的深入指导为支撑的人才培养模式，强调的是"做中学、学中做"。现代学徒制医疗美容专业面向企业员工招生，生源不同，培养方式不同，因此，人才培养方案必须由学校与企业共同制订。

4. 构建基于岗位工作过程的课程体系是企业的要求

构建适合工学结合、岗位培养、岗位成才的课程体系。从企业岗位分析入手，按工作岗位、工作对象、工作条件、主要工作流程、主要工作内容、岗位能力要求，构建以职业能力为主线的课程体系。课程设置与岗位工作任务对接，教学内容既考虑从事任何岗位必不可少的职业基础能力，又考虑不同岗位所需的职业核心能力，以能力拓展为导向设置相应的课程，教学内容以解决企业岗位实际问题，提升员工职业能力为导向，课程体系满足企业发展需求。这也是企业愿意实施现代学徒制人才培养的核心利益所在。

二、调研内容

（1）了解广东伊丽莎白美容健身有限公司销售管理岗位、专业技术岗位的岗位晋升等级及等级标准。

（2）了解广东伊丽莎白企业从事美容师、美容顾问等技术岗位和管理岗位的工作内容，每一岗位对知识及能力的要求，晋升条件要求。

（3）本届招收学生的就业岗位、知识结构、人才培养规格、能力和素质要求等内容。

三、调研对象及范围

1. 调研对象

调研对象主要是合作企业。

（1）企业人力资源部：培训老师、培训部经理。

（2）企业员工：店长、资深美容师、新入职员工。

2. 调研范围

与学校建立长期合作关系并有意向开办学徒制的 4 家企业：

广东伊丽莎白美容健身有限公司、珠海纯真香薰美容集团公司、深圳百丽雅美容集团公司、上海美丽田园美容发展有限公司。

四、调研方法

（1）到企业与相关部门人员座谈。

（2）问卷、电话、网络询问。

（3）在员工中随机抽样进行面对面交谈。

五、调研结果与建议

企业一线的专家对人才培养目标定位、培养规格、课程设置提出修改意见。岗位工作内容及能力要求如下：

（一）岗位工作内容及能力要求

1. 服务岗位

（1）与顾客沟通，收集、反馈顾客建议、意见，提高服务素质，建立良好的客服关系。

（2）分析顾客皮肤问题及美容需求，制订个性化护理方案。

（3）实施整体护理流程操作，指导顾客家居护理，帮助顾客达成美容效果。

（4）进行售后服务，跟踪顾客的美容效果，根据顾客护理效果及需求及时调整护理方案。

（5）挖掘顾客需求，向顾客建议和销售适合的产品及疗程。

2．管理岗位

（1）传播企业文化和公司经营理念，市场信息收集，市场拓展，后期维护，美容院问题诊断。

（2）门店日常经营活动的营运管理，包括员工业绩考核管理、制订工作计划、协助店员达成目标以及提升店员的技术和销售能力。

（3）分析顾客的意见，解释服务目标及标准，制定改善服务的方法。

（4）定期了解客源拓展情况和市场竞争动态，并分析形势，制定对策。

（5）协调店员之间的关系，营造良好的公司氛围。

（6）顾客档案管理，及时向顾客传达公司的优惠政策（含节假日问候、生日赠送及优惠赠送项目），提高顾客忠诚度。

（二）课程内容建议

1．美容医学基础

（1）关于解剖知识部分建议多展示些脏器、肌肉等的模型标本，或适当安排到学校参观标本的机会。

（2）九大系统中，重点介绍：消化系统、循环系统、内分泌系统、免疫系统、生殖系统。

（3）重点讲解女性的卵巢、子宫的结构、功能，为做卵巢保养、子宫保养的顾客提供充分的理论依据。

2．美容咨询与沟通

课程重点解决的问题有以下几方面：

（1）心理学知识在实际中的应用，如何通过顾客的肢体语言、面部表情，更好地察言观色，了解其需求。

（2）沟通方法。如何针对不同性格、不同职业的顾客进行沟通，掌握沟通技巧。

3．体质辨识与养生

中医知识在实际工作中的重要运用，特点是如何根据顾客的面色、舌象、体形、身体的痛点来判断顾客的健康，在哪方面可能出现问题，如何通过食疗等方法调理。对中医四诊的知识有较为系统的了解，并运用于指导身体护理的实践。

（1）建议将基础知识更加细化，如将八纲辨证中的"虚、实"辨证讲解得更清楚、更通俗易懂一些。

（2）设置一些专题性质的内容，如减肥专题等。

（3）9种体质重点介绍。

4. 美容营养

（1）希望内容更简单、更容易理解和记忆。

（2）食物的搭配详讲。

5. 芳香美容

精油知识可讲可不讲，公司不做此项目，但可从专业发展需求、结合应用方面讲解。

（三）对教学的建议

（1）重视与学生互动的环节，可通过设置任务，进行情景演练，让学生充分展示其语言表达和知识运用的能力，利于学生主动发现问题，解决问题。

（2）建议学生自己扩大主动实践的范围，如周末可将自己周围的朋友和家人作为操练对象（自己的顾客），在服务对方结束后，要对方写出评语进行反馈，查找问题。

（3）努力营造竞争、团队合作的氛围，对学生进行分组 PK，充分利用课堂，随时进行考核，随时给分，随时 PK。

（4）设置"奖励基金"，让学生小额（如 5 元、10 元）集资，作为奖励基金，在小组或个人 PK 后，赢家可奖励其对基金进行任意处置，或选择去郊游，或逛街购物等。

六、实施意见

1. 构建校企双方"共培互聘"师资队伍的长效机制

依托校企合作平台，完善校企合作运行机制，从考核、激励、培训开发等方面创建师资培聘制度。建立校企教师共培互聘的激励与约束机制，完善教学质量评价体系，制定专兼职教师交流制度，实行校企双专业负责人制度，推进与企业的深层次合作，加强双方互动，形成"共培互聘"师资队伍的长效机制，体现优势互补、互惠互利、互相促进、共同发展的原则。一方面，加强对企业师傅教学能力的培养，让其掌握教学文件规范及其教学过程管理工作的重要性，提升其专业理论水平。另一方面，加强校内专业教师的实践教学指导能力，让专业教师到企业锻炼，了解企业文化、企业专业技术人才结构及能力要求，以便更好地设计教学内容与教学方法，使课程目标与岗位需求对接。

2. 根据企业岗位任务考核与晋升考核标准，构建专业教学质量评价体系

依据《高等职业学校专业教学标准》和职业岗位基本工作任务与要求，将职业资格认证考核标准与岗位晋升等级考核标准作为课程考核的重要指标，探索课程考核与岗位资格考核贯通，工作业绩考核、师傅评价与学习成绩的互认和衔接，逐步建立以行业企业为主导，应用为目的的学校、校企、顾客三方评价机制，促进中等和高等职业教育专业教学评价标准与评价主体的有效衔接。探索高职现代学徒制学生与企业员工培训的互认互通，推进以能力为核心的评价模式改革。建立适用于"双重身份、双元育人、岗位培养、岗位成才"培养方式的学生评价、教师评价质量管理体系，使现代学徒制逐步形

成制度化、规范化。为学校现代学徒制教学质量监控体系建设提供参考。

3. 加快现代学徒制特色教材及课件建设

教材建设一直都是专业建设及专业教学改革的重要内容之一。为适应现代学徒制培养模式，学院计划与企业共同编写与工作任务相结合的教材，将美容专业理论知识与专业实践相结合，最终完成突出专业实践技能培养的校本教材及配套课件。

4. 按照"双元育人、岗位成才"的基本要求，确定合作企业的准入标准

实施现代学徒制中关键要突出学校和企业的"双元培养、岗位成才"，企业应在整体规模、职业培训经验、技术力量、实训设备、实训场地等方面均能达到一定要求，具有为岗位培养提供技术熟练的师傅，以指导和监督学徒的技术训练；另外，企业能够投入足够资金、先进的实训设备和实训材料，保证学徒实践学习，并且能够提供足够的岗位让学生实践。所以，在紧密合作的企业中选择实力强、资源丰富并热衷于职业教育的企业，然后根据学校的实际情况和合作企业的意愿，确定招生的专业和规模。

5. 构建现代学徒制专业标准

人才培养标准规定课程开发的广度与深度、课程体系的构建形式、任课教师的执教能力、师资队伍的结构、教学实训的条件、教学的方式与考核评价的标准与形式。构建适合于现代学徒制人才培养标准，不仅是现代学徒制实施的前提条件，更为重要的是能以此为切入点，带动专业内涵建设的改革与创新。专业标准对我国职业教育的改革探索具有重要的意义。同时，通过本课题的研究，为我国将来实施现代学徒制的决策提供第一手的参考资料，为高职院校同类专业制定专业人才培养标准提供典型的参考案例。

清远职业技术学院与广东伊丽莎白美容健身有限公司开展"现代学徒制"人才培养合作协议

甲方：清远职业技术学院（以下简称"甲方"）

乙方：广东伊丽莎白美容健身有限公司（以下简称"乙方"）

为全面落实国家提出的高职院校与企业"四个合作"的精神，充分利用校企双方各自的优势，发挥学校的教育系统性作用，为社会及企业在岗培养高素质、高技能应用型技能和管理人才的同时，也为学校创新人才培养模式提供平台，甲乙双方在公平、公正、合理、平等、自愿、互信、共赢的基础上，经充分酝酿和友好协商，现就联合开展现代学徒制人才培养事项达成如下协议：

一、合作原则

本着"优势互补、资源共享、互惠双赢、共同发展"的原则，甲乙双方建立长期、紧密的合作关系。

二、合作形式及内容

（1）办学形式：联合自主招生，共同培养。

（2）培养方式：采取校企"双导师制"，在岗培养（学员在不脱离工作岗位的前提下完成学业）。

（3）学制与学历：学制为两年，完成规定的学分，经甲乙双方审核达到毕业要求，颁发全日制普通专科教育毕业证书。

（4）招生对象：具有高中阶段学历（含高中、中职、中技毕业）或具有同等学力，以及取得相关中级及以上职业资格证书的乙方在岗员工。

三、甲乙双方职责

（一）甲方

（1）申报招生计划，牵头组织招生宣传。

（2）按照相关文件精神负责招生报名、考生资格审查、自主招生考试命题、组卷、试卷保密等工作，组织安排自主招生的考试、评卷、分数统计等工作。

（3）负责新生录取、信息公布、发放新生录取通知书、新生录取备案、学籍管理等工作。

（4）牵头组织双方相关人员共同制订人才培养方案、选定教材、遴选任课师资、组织实施教学。

（5）负责基础理论教学质量监控，实施理论基础考核。

（6）与乙方共同制定技能课程教学质量监控办法，学员技能考核与管理的相关制度，并对乙方组织实施情况进行不定期抽检。

（7）承担甲方委派到乙方上课教师的交通费用和课酬。

（8）积极参与企业的技术升级与项目攻关，科研成果优先在乙方推广应用。

（9）尊重乙方的知识成果与企业文化，保守乙方的商业秘密。

（二）乙方

（1）协助甲方开展招生宣传及招生工作，积极组织员工报考。

（2）与被录取的学员个人签订现代学徒制相关的合同（主要是劳动合同）。

（3）与甲方共同制订学徒制人才培养方案，并与甲方共同完成学徒制人才培养的全部工作。

（4）负责组织技能课程的教学，与甲方共同组织对学徒制学员专业技能的考核或评估，科学评定学员的专业技能成绩。

（5）提供能承担学徒制人才培养工作的师资（主要是技能导师）、课程教学和实习实训场地，以及学员完成学业必需的岗位。

（6）为甲方派遣到乙方教学的教师免费提供食宿。

（7）负责学徒的安全、生活和纪律管理，以及职业素质的培养。

（8）负责按照相关规定选定乙方具有资质的导师，并把相关资料提供给甲方备案。

（9）负责现场指导教学，导师每次带教的学徒人数原则上不得超过5人。

（10）按甲方的规定管理教学文件。

（11）乙方委派的导师课酬由乙方承担。

（12）为甲方"双师型"教师的岗位培养提供便利条件，积极参与甲方的专业建设工作。

四、学费收取及办学经费开支

（1）学费收取。按清远市物价部门批准的普通高职生收费标准，由甲方按学年收取学徒制学员的学费、购买教材代收代支费。

（2）甲方将实收乙方学徒员工学费的35%支付给乙方作为联合办学经费。

（3）甲方根据国家规定标准统一结算购买教材代收代支费（每学年第二学期末结算，多退少补）。

五、合作时间

从2012年9月至2014年7月止，如有特殊情况双方协商延期，延期时间不得超过三年。

六、违约与协议解除

(1) 原则上合作过程中不得解除协议。

(2) 如一方单方面严重违法违约,另一方有权通过法律程序追究违约方的法律责任,并由违约方承担因此而造成的一切经济损失。

(3) 合作期间如发生双方无法预见、无法防范而致使协议无法正常履行的事由,需要变更或解除协议的,双方应按照有关规定妥善处理。

七、附则

(1) 成立"现代学徒制人才培养工作领导小组"。

"现代学徒制人才培养工作领导小组"的职责是,定期或不定期召开沟通研讨会,讨论决定现代学徒制育人过程中的重大问题,统筹协调人才培养的相关工作。小组成员由甲乙双方的高层管理人员和专业(技术)骨干组成,在协议签订后1个月内完成组建,并开始运作。

(2) 甲乙双方各自设立"现代学徒制人才培养工作小组"。

在组建"现代学徒制人才培养工作领导小组"的同时组建"学徒制人才培养工作小组",该工作小组在领导小组的领导下开展工作,其职责是执行"现代学徒制人才培养工作领导小组"决议,组织实施现代学徒制人才培养方案,解决人才培养过程中的具体问题。

(3) 本协议如有未尽事项,由双方协商后,再做出补充规定。补充规定与本协议具有同等效力。

(4) 本协议一式四份,甲方、乙方各持两份,均具有相同法律效力。

甲方:清远职业技术学院	乙方:广东伊丽莎白美容健身有限公司
法定代表人:	法定代表人:
委托代理人:	委托代理人:
2012 年 10 月 30 日	2012 年 10 月 30 日

现代学徒制
医疗美容技术专业试点工作方案

一、组织机构

组　长：冼昶华（清远职业技术学院护理学院院长）
　　　　傅润红（广东伊丽莎白美容健身有限公司培训事业部总经理）
副组长：吴　琼（清远职业技术学院中专部副主任）
　　　　张海英（深圳百丽雅国际美容集团有限公司技术总监）
　　　　陈光扬（广东伊丽莎白美容健身有限公司技术培训经理）
　　　　胡海妹（深圳百丽雅美容集团有限公司人力资源经理）
项目组成员
学校人员：王家龙、吴　琼、杜鹃
企业成员：廖美玲（广东伊丽莎白美容健身有限公司技术培训经理）
　　　　　郭钟英（广东伊丽莎白美容健身有限公司技术督导老师）
　　　　　何卫勤（广东伊丽莎白美容健身有限公司资深讲师）

二、建设背景与基础

（一）建设背景

1. 职业教育发展的需求

加快经济转型升级、实施产业结构调整，是我国经济建设的核心内容。在经济转型和产业结构调整过程中，大中型企业面临着劳动力供给结构性短缺，中小微企业面临技能人才匮乏等人力资源问题。而现代学徒制是职业教育服务于产业发展，解决企业人才短缺的最佳途径。在西方经济发达国家，现代学徒制作为职业教育的人才培养主导模式，在社会经济发展中起了至关重要的作用，政府高度重视现代学徒制，制定了与之配套的完善法律体系与政策，形成了比较完整的人才培养体系。而目前我国的现代学徒制刚刚起步，没有完备的支持现代学徒制相关政策与法律体系，企业参与实施现代学徒制的积极性还没有调动起来，职业学历教育与职业培训尚未形成有机衔接，在此情况下，实践现代学徒制对推动职业教育的改革与发展有十分重要的意义。

2. 美容企业的发展要求

美容行业发展迅猛，高科技技术与设备应用推动行业向高新技术型产业转型，医疗美容仪器、专业美容设备在美容服务中的广泛应用，促使美容服务的科技含量逐步提升。同时，随着消费者消费理性的提升和消费知识的积累，服务的内涵不断提升，对美容从业人员提出的要求越来越高，需要有专业系统的教育与培训。美容医学知识、人际交往与沟通能力、信息运用能力和团队协作能力都是美容师、美容导师等中高端技术岗位不可缺少的元素，专业与文化素质偏低的从业人员很难满足美容产业发展及美容个性化服务的需求，影响了美容行业向更高层次发展。企业经营者已意识到企业的竞争不再是产品的竞争，而是人才的竞争，一些大型的企业已将人才培养列为企业发展的关键要素，主动要求与学校建立长期合作关系，共同培养能适应企业岗位需求的高素质技术技能人才。探索现代学徒制人才培养模式符合企业发展的目标定位，是双方合作的基础，也是企业的心愿。

3. 人才培养模式的改革需求

国家、省、市的中长期教育改革和发展规划纲要（以下简称"规划纲要"）中都提到：要调动行业企业的积极性，建立政府主导、行业指导、企业参与的办学机制，深化职业教育人才培养模式改革，增强职业教育的吸引力。学院根据"规划纲要"中"促进校企合作制度化"的要求，以服务地方产业发展为宗旨，为了适应区域生产结构的调整，依托现有的校企合作平台，于 2009 年开始探索现代学徒制"双重身份、双元育人、工学交替、岗位成才"的人才培养模式，以带动专业内涵建设的改革与创新。对推进教育教学改革，创新人才培养模式，促进中高职人才培养相衔接，全面提高教育质量有重要的推动作用。

（二）建设基础

1. 校企互融专业教学团队初步形成

目前，学院美容专业"双师结构"教学团队 14 人，其中校内专任教师 7 人，学历均在本科以上（博士 1 人，硕士 2 人，职业技能鉴定考评员 2 人）；企业实践教学指导老师 7 人，均有丰富的一线工作经验及职业技术培训经验，已通过中级以上美容师或考评员资格认证。校内专任教师主要担任三年制学生在校期间的专业教学任务，企业老师主要担任现代学徒制岗位实践教学任务。

2. 校企深度合作初见成效

学院一直与多家企业实行订单式人才培养，在此基础上，为积极探索现代学徒制人才培养模式，有效地整合学校和企业的教育资源，选择拥有 50 多家直营店，2 000 多名员工，集美容、健身和美容培训（3 所美容培训学校）一体的广东伊丽莎白美容健身有限公司合作，开办了高职现代学徒制医疗美容技术试点专业（两年制），2012年首届招生。校企双方共同研制人才培养方案，按照"企业用人需求与岗位资格标准"设置课程，构成突出学生能力本位的课程体系，教学任务由企业实践教学指导老师和校内专业课教师共同完成。教学效果受到企业员工的好评，企业管理层也充分肯定现代人才培养模式企业是最大的受益者，在用人制度、学历提升、工资福利待遇等方面加大对现代学徒制的支持力度，制定相关的优惠政策和奖励办法，进一步拓展了校企合作的内涵，促进了中高职人才培养评价标准和评价主体的有效衔接。

3. 现代学徒制的运行与管理制度初步建立

根据现代学徒制的基本要求，参照国外的成功经验，先后制订了《清远职业技术学院实施现代学徒制试点工作方案》《关于制订2012级"现代学徒制"专业人才培养方案的指导性意见》《现代学徒制日常教学管理暂行规定》和《现代学徒制导师聘任与管理试行办法》等指导性管理文件。

4. 实施现代学徒制相关的教学文件初步完成

（1）现代学徒制课程体系。从企业岗位分析着手，根据职业岗位所需知识、能力，开发课程教学内容，按照岗位工作任务流程、岗位能力要求和企业员工岗位等级晋升考核要求、结合高职学历教育的专业教学标准构建突出学生能力本位的课程体系（包括五个模块：职业通用能力、职业基本能力、职业技术能力、管理能力、销售能力）。

（2）专业课程标准。校企共同开发满足岗位需求与学徒个人发展的专业核心课程，编制美容消毒卫生、中医养生美容、美颜护理、美容营养、美容心理学五门课程标准。

（3）专业课程考核与质量评价标准。在学生学业考核方面，以培养学徒岗位工作能力为宗旨，以工作过程考核为重点，结果考核为主要依据，系统知识考试为基础，采取多种形式的综合考核方式。部分应用性较强的课程可以用岗位工作任务考核或代替课程考核，考核的业绩折算为课程考核成绩。

在教学质量评价方面，主要从社会服务能力的提高、学徒岗位工作能力的提高、专业建设内涵的提升作为评价的主要依据。采用企业评价、学生评价、学校评价和社会评价的综合评价方式。

三、建设目标

深化校企合作、工学结合的人才培养模式改革，开展现代学徒制的理论研究与实践探索，构建医疗美容技术专业现代学徒制人才培养体系，形成以"校企双元育人、交互训教、在岗培养"为特征、体现学徒"双重身份，岗位成才"的人才培养模式，通过现代学徒制试点带动专业建设整体水平和人才培养质量的提高，以教学改革成果形式推广，为兄弟院校提供典型案例和可借鉴经验。

四、主要建设内容

(一) 构建校企双方"共培互聘"师资队伍的长效机制

依托校企合作平台,完善校企合作运行机制,从考核、激励、培训开发等方面创建师资培聘制度。建立校企教师共培互聘的激励与约束机制,完善教学质量评价体系,制定专兼职教师交流制度,实行校企双专业负责人制度,推进与企业的深层次合作,加强双方互动,形成"共培互聘"师资队伍的长效机制,体现优势互补、互惠互利、互相促进、共同发展的原则,培养具有双师素质的骨干教师。

(二) 完善专业核心课程与课程体系

根据企业需求,结合人才培养目标,在职教专家、企业技术骨干和学校专业教师的共同参与下,研究并完善适合学徒个性发展和企业需求的专业核心课程。专业核心课程的内容充分考虑行业组织制定的岗位能力标准和国家统一的职业标准,将其转换成对应的课程标准。建成以"基本素质课程+职业核心课程+岗位工作任务"为主要特征的课程体系,该体系既体现教育制度与劳动制度相结合,学历教育与职业培训相结合,国家职业资格标准和企业岗位等级晋升标准融合;又符合企业员工岗位学历教育学习特点。通过校企共同培养,学员毕业拥有学历与职业资格及培训认证三种证书具有的必要理论知识和较强实践能力。

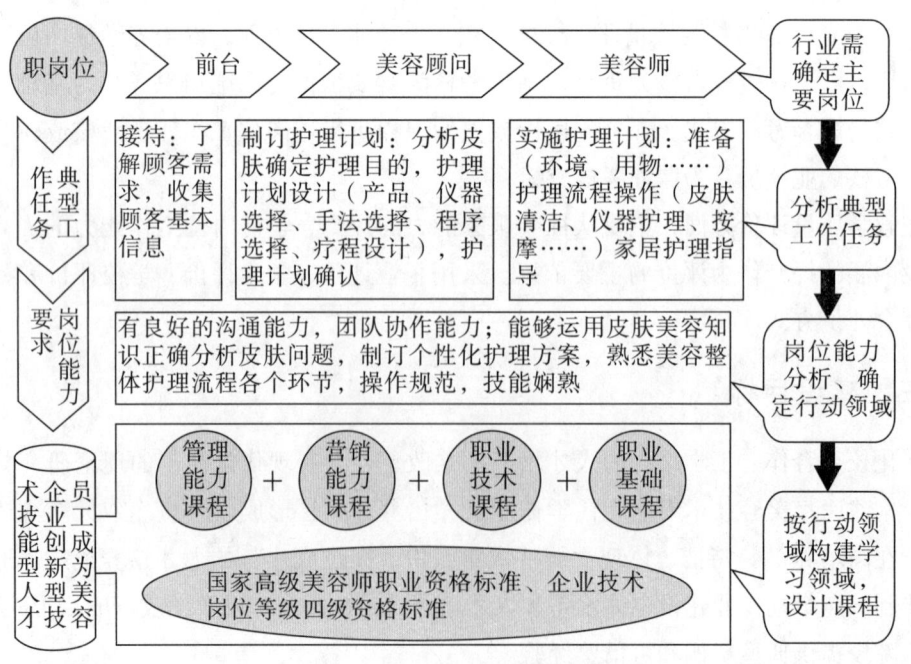

图 1　课程体系构建框图

（三）完善专业教学质量考核评价体系

依据《高等职业学校专业教学标准》和职业岗位基本工作任务与要求，将职业资格认证考核标准与岗位晋升等级考核标准作为课程考核的重要指标，探索课程考核与岗位资格考核贯通，工作业绩考核、师傅评价与学习成绩的互认和衔接，逐步建立以行业企业为主导，应用为目的的学校、校企、顾客三方评价机制，促进中等和高等职业教育专业教学评价标准与评价主体的有效衔接。探索高职现代学徒制学生与企业培训员工技能水平评价的互认互通，推进以能力为核心的评价模式改革。建立适用于"双重身份、双元育人、岗位培养、岗位成才"培养方式的学生评价、教师评价质量管理体系，使现代学徒制逐步形成制度化、规范化。

1. 岗位考核与课程考核换算标准

将岗位工作任务考核或企业培训考核替代部分课程考核，并折合课程考核成绩。

2. 岗位综合能力评价标准

实际工作业绩考核与专业理论考核结合，校企双方共同考核，考核成绩作为综合考核成绩。主要考核点包括学生的出勤率、操作的熟练程度、工作的态度、团队合作、顾客满意度、工作业绩、创新能力等。

3. 岗位项目考核评价标准

建立工作岗位的相关考核管理制度，并明确考核的办法和负责人，做到在制度上有保证，在管理上有措施，并严格进行考核。

（四）现代学徒制特色教材及教学资源建设

以岗位需求为导向，突出学生能力培养为主线，按职业岗位典型工作任务编写与课程配套的校本教材，开发课程资源：教学课件、教学项目案例、技能操作考核评价标准、试题、参考资料（电子讲义、案例等）等。

（五）制定现代学徒制合作企业的准入标准

实施现代学徒制中关键要突出学校和企业的"双元培养、岗位成才"，企业应在整体规模、职业培训经验、技术力量、实训设备、实训场地等方面均能达到一定要求，具有为实习提供技术熟练的师傅，以指导和监督学徒的技术训练；另外，企业能够投入足够资金、先进的实训设备和实训材料，保证学徒实践学习，并且能够提供足够的岗位让学生实践。所以，在紧密合作的企业中选择实力强、资源丰富并热衷于职业教育的企业，然后根据学校的实际情况和合作企业的意愿，确定招生的专业和规模。

五、经费预算与建设进度

(一) 经费预算

表1 经费预算

建设内容	资金投入/万元		
	教育部	学校投入	合计
专业课程体系建设	1	3	4
考核及评价标准建设	0.5	1.5	2.0
课程教学资源建设	0.5	0.5	1.0
双导师教团队建设	1	1	2
合计	3	6	9

(二) 建设进度

1. 2013年12月至2014年1月上旬（项目启动）

（1）深入企业开展教学教研活动，收集教学评价反馈信息。

（2）整理、分析调研资料，完善现代学徒制医疗美容技术专业人培养方案，同步进行相关课程教学资源建设（课件、教案、考核评价等资料收集整理）。

（3）制订特色课程教材编写计划和提纲、组织修订课程标准。

（4）完成《岗位综合能力评价标准》。

2. 2014年7月中旬（中期汇报）

（1）组织修订课程标准、各类型考核标准、教材等教学资料。

（2）确定岗位考核与课程考核互认的课程及考核办法，成绩折算。

（3）完成《岗位考核与课程考核换算标准》。

3. 2014年12月底（结项验收）

（1）根据实施情况，对有关方案、制度、措施和评价体系进行修正，在实践中进一步验证。

（2）完成《现代学徒制高职医疗美容专业教学标准》（人才培养模式改革试点建议）撰写。

（3）完成《岗位项目考核评价标准》。

（4）撰写结题报告，申请结题。

（三）预期目标与验收要点

表 2

建设内容	预期目标与验收要点		
	2014 年 1 月 （预期目标、验收要点）	2014 年 7 月 （预期目标、验收要点）	2014 年 12 月 （预期目标、验收要点）
课程建设	预期目标：构建基于工作过程的课程体系，开发满足岗位需求与学徒个人发展的专业核心课程 验收要点： (1) 现代学徒制人才培养方案 (2) 专业指导委员会会议资料 (3) 教研活动记录 (4) 专业核心课程制定基本要求及文件 (5)《岗位综合能力评价标准》 负责人：吴琼　陈光扬	预期目标：完善现代学徒制 2～5 门核心课程的课程标准 验收要点： (1) 课程标准修订、审稿会议资料 (2) 美容消毒卫生、中医养生美容、美颜护理、美容咨询、美容营养课程标准 (3) 教学计划 (4)《岗位考核与课程考核换算标准》 负责人：吴琼　陈光扬	预期目标：制定与完善现代学徒制的专业教学标准 验收要点： (1) 现代学徒制医疗美容技术专业教学标准 (2) 专家审核资料 (3) 现代学徒制实施方案 (4) 校企考核小组成员名单 (5) 考核管理制度 (6)《岗位项目考核评价标准》 负责人：吴琼　陈光扬
教学团队建设	预期目标：建立现代学徒制双师教学团队 验收要点： (1) 美容专业建设方案 (2) 美容专业教师培训计划 (3) 教研活动记录 (4) 新教师培训记录 (5) 校内教师下企业实践记录 (6) 校企师资共培互聘相关制度 负责人：杜鹃　傅润红	预期目标：建立现代学徒制双师教学团队 验收要点： (1) 美容专业新教师培训计划 (2) 企业教师教学能力培训资料 (3) 教研活动记录 (4) 校企教师互聘相关文件 (5) 校内教师下企业实践记录 (6) 教师参加职业资格认证培训学习资料 负责人：杜鹃　傅润红	预期目标：建立现代学徒制双师教学团队 验收要点： (1) 美容专业新教师培训计划 (2) 企业教师教学能力培训资料 (3) 教研活动记录 (4) 校企教师互聘相关文件 (5) 校内教师下企业实践记录 (6) 双师型骨干教师 2 名 负责人：杜鹃　傅润红

续上表

建设内容	预期目标与验收要点		
	2014年1月 （预期目标、验收要点）	2014年7月 （预期目标、验收要点）	2014年12月 （预期目标、验收要点）
教学资源建设	预期目标：校企共建适合工学结合的校本教材1门、与教学进度配套多媒体课件、电子教案、实训考核标准、习题。 验收要点： （1）现代学徒制教学进度表 （2）现代学徒制任课安排 （3）教材编写计划 （4）教材编写研讨会会议记录 （5）教材审稿会议记录 （6）与教学进度配套的教学资料：包括课件、试卷等 负责人：吴琼 何卫勤	预期目标：校企共建适合工学结合的校本教材1门、与教学进度配套多媒体课件、电子教案、实训考核标准、习题。 验收要点： （1）现代学徒制教学进度表 （2）现代学徒制任课安排 （3）教材编写计划 （4）教材编写研讨会会议记录 （5）教材审稿会议记录 （6）与教学进度配套的教学资料：包括课件、试卷等 负责人：吴琼 何卫勤	预期目标：校企共建适合工学结合的校本教材1门、与教学进度配套多媒体课件、电子教案、实训考核标准、习题。 验收要点： （1）现代学徒制教学进度表 （2）现代学徒制任课安排 （3）教材编写计划 （4）教材编写研讨会会议记录 （5）教材审稿会议记录 （6）与教学进度配套的教学资料：包括课件、试卷等 （7）合作企业的准入标准 负责人：吴琼 何卫勤

表3 广东伊丽莎白美容健身有限公司员工岗位能力说明

序号	岗位	等级	工作任务	能力要求	知识要求
1	专业技术岗位	助理美容师	服务次数：25次/月；客户满意度：80%；技术提升考核：70分	会三套基本手法，心态积极	基础项目的产品知识及话术
		全能美容师	服务次数：40次/月；客户满意度：85%；技术提升考核：75分	通过全能级别手法考试，心态积极	全能级别项目的产品知识及话术
		中级美容师	服务次数：60次/月；客户满意度：90%；技术提升考核：80分	通过中级级别手法考试，心态积极	中级级别项目的产品知识及话术
		高级美容师	服务次数：80次/月；客户满意度：100%；技术提升考核：85分	通过高级级别手法考试，心态积极	公司所有项目的产品知识及话术
		金手指美容师	服务次数：90次/月；客户满意度：100%；技术提升考核：90分	通过金手指级别手法考试，心态积极	公司所有项目的产品知识及话术
		铂金手指美容师	服务次数：100次/月；客户满意度：100%；技术提升考核：90分	通过铂金手指级别手法考试，心态积极	公司所有项目的产品知识及话术
2	销售管理岗位	美容顾问	跟客，业绩，专业，客户到店率	沟通技能、销售技能	公司所有产品及项目的专业知识、销售知识
		私人顾问	跟客，业绩，专业，客户到店率	沟通技能、销售技能	公司所有产品及项目的专业知识、销售知识
		分店店长	店内业绩，客户到店率，客户满意度，团队稳定	沟通技能、销售技能、团队管理技能、店内管理技能	公司所有产品及项目的专业知识、销售知识、店内管理知识、团队管理知识
		区域技术总监	区域各分店业绩，客户到店率，客户满意度，团队稳定	沟通技能、销售技能、团队管理技能、店铺管理技能	公司所有产品及项目的专业知识、销售知识、店铺管理知识、团队管理知识

现代学徒制医疗美容技术专业 2014 级人才培养方案

一、专业基本信息

专业名称：医疗美容技术专业

专业代码：630408

专业类别：医学相关技术

学习形式：岗位培养

学制与学历：两年制大专

招生面向：面向合作企业（广东伊丽莎白美容健身有限公司）招收应届往届高中、中职或相当于高中、中职同等学力并具有中级美容师技能证的在岗员工。

二、职业岗位（群）分析

1. 主要工作岗位

（1）专业技术岗位：美容师、技术培训、美容顾问。

（2）销售管理岗位：行政主管、店长等。

2. 主要工作任务

（1）专业技术岗位。

①与顾客沟通，收集、反馈顾客建议、意见，提高服务素质，建立良好的客服关系。

②分析顾客皮肤问题及美容需求，制订个性化护理方案。

③实施整体护理流程操作，指导顾客家居护理，帮助顾客达成美容效果。

④进行售后服务，跟踪顾客的美容效果，根据顾客护理效果及需求及时调整护理方案。

⑤挖掘顾客需求，向顾客建议和销售适用的产品及疗程。

（2）销售管理岗位。

①传播企业文化和公司经营理念，市场信息收集、市场拓展、后期维护、美容院问题诊断。

②门店日常经营活动的营运管理，包括员工业绩考核管理，制订工作计划，协助店员达到目标以及提升店员的技术和销售能力。

③分析顾客的意见，解释服务目标及标准，制定改善服务的方法。

④定期了解客源拓展情况和市场竞争动态，并分析形势，制定对策。
⑤协调店员之间的关系，营造良好的公司氛围。
⑥顾客档案管理，及时向顾客传达公司的优惠政策（含节假日问候、生日赠送及优惠赠送项目），提高顾客忠诚度。

3．职业能力要求

（1）专业技术岗位。

①具有公司美容项目销售及按公司流程运作的能力。
②有熟练应用美容护理产品、操作常用美容仪器的能力。
③能够按照面部护理、身体护理标准操作流程操作。
④能用保健知识进行美容保健咨询、美容健康诊断、美容保健评价、美容保健指导。
⑤具备专业沟通能力和沟通技巧。

（2）销售管理岗位。

①有传播企业文化和公司经营理念、品牌推广的能力。
②具备维护顾客满意度、顾客到店、顾客服务、顾客异议处理等客情关系管理能力。
③具备产品销售、项目销售管理、绩效目标管理能力。
④具备常客维护与新客拓展计划与分析、产品品牌管理计划与分析的能力。

三、专业培养目标

面向美容企业专业技术和销售管理岗位，培养具有中医美容养生保健必备的知识和技能，有良好职业素养和美容经营管理及解决实际问题的能力，具有信息运用和团队协作能力，能够在企业从事美容师、美容顾问、美容院店长、美容技术培训等岗位工作的高级应用性、复合型美容专门技术人才。

四、人才培养规格

（一）知识要求

（1）掌握成为高级应用性、复合型美容人才所必需的文化基础知识。
（2）熟悉美容护理必需的医学基础知识。
（3）掌握化妆品、美容营养基础知识。
（4）熟悉美容保健必备的经络美容、体质辨识等中医基础理论知识。
（5）熟悉现代企业管理、顾客管理基本知识。

（二）能力要求

1．社会能力

（1）具有良好的思想政治素质、严谨的行为规范和良好的职业道德。

（2）具有较强的计划组织协调能力、团队协作能力。

（3）具有较强的服务意识和质量意识。

（4）具有较强的开拓创新能力。

（5）具有较强的语言表达能力、人际沟通能力。

（6）具有良好的心理素质和身体素质。

2. 方法能力

（1）具有自主学习新的技能与知识，自我提高的能力。

（2）具有分析解决问题的方法能力和制订完善工作计划的能力。

（3）具有逻辑性、合理的科学思维方法能力。

（4）努力钻研美容专业理论知识，具有较强的美容专业技能。

（5）具有较强的公关能力，会与顾客沟通感情。

3. 专业能力

（1）运用医学基础知识正确分析问题皮肤的成因，根据顾客美容需求及皮肤问题科学制订皮肤护理方案。

（2）运用美容营销基本知识和销售技巧，引导顾客选择产品和护理项目。

（3）运用专业与咨询沟通技巧，消除顾客对产品和项目的异议，达成销售。

（4）熟练运用经络美容知识和技术，实施专业护理流程操作。

（5）运用现代企业管理和顾客管理基本知识，建立良好的客情关系。

（6）运用美容医学知识于顾客健康管理、膳食调理等养生保健指导工作。

（7）专业技术和产品培训能力。

（三）基本素质

（1）熟悉服务行业卫生管理规范及相关的法律法规。

（2）遵纪守法、爱岗敬业。

（3）具有较强的自学能力、适应能力。

（4）具有较强的分析问题和解决问题的能力。

五、专业核心课程描述

（一）美容顾客健康管理

1. 课程内容

本课程根据美容护理工作过程中，为顾客进行护理和健康指导必需的医学基础知识，选择教学内容，包括健康的概念、影响健康的因素，人体消化、呼吸、循环、内分泌、运动等系统的生理功能。颅骨、脊椎的形态特征，运动与健康的关系，各类营养物质消化吸收的基本过程，几种主要激素的生理作用及其分泌调节。

2. 课程要求

通过本课程的学习，让学生认识健康的概念，了解影响健康的因素。熟悉面颅骨、脊椎的体表标志、运动系统的功能，认识食物消化吸收的基本过程，激素的生理作用及其分泌调节与健康的关系，掌握内分泌系统的功能，能够运用正常人体各系统生理、代谢的基础知识，指导顾客做好皮肤保养及健康管理。

（二）美容营养

1. 课程内容

本课程根据美容专业护理（减肥、皮肤保养）工作流程的咨询、指导等工作任务所必需的营养知识和技能，设计课程内容。包括营养学基础知识、合理膳食与均衡营养、美容营养与膳食指导、健康膳食指导、女性更年期营养与膳食指导、代谢性疾病膳食营养、营养与肿瘤等。

2. 课程要求

通过本课程的学习，要求学生了解营养学基础知识，掌握营养、营养素、合理膳食、均衡营养的概念，掌握合理膳食、均衡营养的重要性。能够为肥胖者制订膳食计划，进行皮肤美容、现代疾病（肥胖、高血压、糖尿病）预防等与营养有关的健康指导工作。

（三）美容消毒卫生

1. 课程内容

根据国家对美容场所和从业人员卫生管理相关法规的要求，为顾客和从业人员提供卫生、安全的美容环境，防止传染病传播与流行，从业人员应掌握的卫生知识和技能，设计本课程。内容包括卫生消毒基本概念、美容院卫生管理规范、美容院常用物理化学消毒知识及方法、微生物与常见传染病的预防等。

2. 课程要求

通过本课程的学习，了解美容院卫生管理规范要求，从而认识卫生消毒工作在人体皮肤保健工作中的重要性，培养良好的职业卫生习惯。掌握消毒的质量管理和合格标准、消毒灭菌的概念及消毒原理，了解微生物及传染病的"三要素"，掌握化学及物理的消毒知识和方法，掌握卫生消毒技能在实际中的应用。能够运用皮肤美容消毒卫生知识，做好美容院卫生消毒管理，科学地做好美容皮肤保健工作，预防常见病原微生物感染和传染病的传播，保障人体健康。

（四）经络美容

1. 课程内容

本课程为专业皮肤护理（面部拨筋、面部淋巴排毒等项目）、专业身体护理保养项目（肩颈护理、全身淋巴排毒、肾保养、乳腺保养等）提供相关的中医经络知识和技术，包括十二经络的名称、体表循行线路、常用经穴的名称、定位及功效，常用淋巴排毒、经络按摩手法，刮痧、拔罐、推拿技术的作用原理及操作注意等。

2. 课程要求

通过本课程的学习，要求学生熟悉十二经络的名称、体表循行线路，常用经穴的名称、定位及功效，能够正确取穴、定穴，熟练运用经络养生知识和指导专业皮肤护理（面部拨筋、面部淋巴排毒等项目）、专业身体护理保养项目实践（肩颈护理、全身淋巴排毒、肾保养、乳腺保养等），能够熟练运用经络疏通技术、头部减压放松技术、肩颈疏通技术、背脊疏通技术、刮痧美容术。

（五）中医体质辨识与养生

1. 课程内容

课程内容主要包括中医脏腑、气血津液理论，体质的概念、分类及特点，体质是怎样形成的，影响体质的因素，体质辨识（四诊）、体质调理等。

2. 课程要求

通过本课程的学习，要求学生掌握中医基础知识，了解体质的概念，掌握体质的形成及影响因素，学会四诊辨识体质的方法，掌握不同体质的生理特点，了解不同体质对不同疾病的易感性、不当饮食引起体质偏颇的表现，掌握精神、药膳、饮食、运动等8种体质调养方法。

教学形式多样，教学方法灵活。通过现场教学、课堂讨论、案例分析、任务考核等形式提高学生学习的积极性和主动性。

六、职业资格考级、考证要求

按照中华人民共和国人力资源和社会保障部职业技能鉴定申报资格的要求，学生毕业后均可申报高级美容师，芳香保健师、高级保健刮痧师等职业资格考核。经职业技能鉴定、认证考试合格，获国家相应职业资格证书。

七、实施的基本条件

1. 合作企业基本情况

广东伊丽莎白美容健身有限公司，企业总部下设行政管理、人力资源管理、后勤管理、培训学校及直营门店。教学设施、设备完善，拥有多媒体课室、专业技能培训课室及功能场室，能满足企业员工岗位晋升培训和入职培训要求的同时，也面向社会开展美容师职业培训和技能鉴定。

2. 双导师基本情况

（1）学校导师。学校导师均为本科以上学历，讲师以上专业职称，具备执业医师或高级美容师以上职业资格，有行业相关岗位工作经历，职业教育教学能力较强，对现代学徒制人才培养模式有一定研究，能够在教学、教改、教学资源建设、服务企业等工作中发挥重要作用。

（2）企业导师。企业导师来自合作企业管理岗位、专业岗位、专业技术培训岗位、专业一线业务能力突出的优秀员工，具有5年以上工作经验，岗位操作技能娴熟，有较强的语言表达能力，爱岗敬业。

八、出师条件

1. 毕业前取得学分

毕业前取得总学分数91学分。

2. 获得本专业职业技能证书

广东省人力资源与社会保障厅颁发的国家职业资格高级美容师证书。

九、其他情况说明

（一）企业背景

广东伊丽莎白美容健身有限公司是一家直营管理的民营企业，目前在佛山及周边城市（东莞、中山、广州等地）拥有50多家直营门店、3所美容培训学校，员工总人数近2 000人。近年来，企业与省内外多家职业学校合作，实行"订单式"人才培养，其员工中具有医学教育背景知识的毕业生比例逐年增加，企业计划发展至70多家店面的同时，将提升员工的专业素质作为企业发展的目标，对员工在职培训和提升学历高度重视，在薪酬待遇和岗位晋升方面激励员工提升学历。企业内部培训系统和岗位晋升考核机制完善，定期对在岗员工进行专业培训。

（二）校企合作特点

（1）学校为主导，企业为主体。

（2）送教上门，岗位培养。

（三）生源情况

本届学生均是在广东伊丽莎白美容健身有限公司符合报考条件的在职员工中录取的，其中在专业技术岗位从事美容师的占大多数，学生熟悉岗位工作流程与能力要求，实践操作技能较熟练，有一定的实战经验，但专业基础理论相对薄弱，为加强学生专业理论知识的学习，提升职业岗位的运用专业知识解决实际问题的能力，企业对学生严格考勤管理，将出勤与业绩挂钩，促进学生学习。

十、人才培养方案附表

附件1：课程体系构成表（略，见专业教学标准）

附件2：教学进程表（略，见专业教学标准）

教学进度安排		序号	课程名称	总学时	集中授课学时	企业培训学时	任务训练学时	岗位培养学时	学分	考核方式
2014年	9月至12月	1	思想道德修养与法律基础——廉洁修身教育专题	49	9	0	30	10	2.5	③
		2	美容顾客健康管理	46	36	0	0	10	2.5	①②
		3	美容消毒卫生	48	18	0	10	20	2.5	①②③
		4	美容产品选择与应用	94	18	36	0	40	5	①②③④
		5	客户维护（一）	78	0	18	20	40	4	②③④
		6	团队合作与个人管理	36	12	8	8	8	2	②③④
		7	服务礼仪	49	0	9	20	20	2.5	①②③
			小计	400	93	71	88	148	21	
2015年	9月至6月	8	形势与政策	29	9	0	20	0	1.5	③
		9	常用办公软件	36	8	0	16	12	2	②③
		10	中医体质辨识与养生	84	36	8	20	20	4.5	①②③④
		11	客户维护（二）	78	0	18	20	40	4	③④
		12	岗位安全教育	16	0	8	0	8	1	②
		13	企业经营管理	68	0	18	10	40	3.5	②③
		14	成功案例分析	58	0	18	0	40	3	②③④
			小计	369	53	70	86	160	19.5	

续上表

教学进度安排		序号	课程名称	总学时	集中授课学时	企业培训学时	任务训练学时	岗位培养学时	学分	考核方式
2015年	9月至12月	15	毛泽东思想和中国特色社会主义理论体系概论	8	0	0	8	0	0.5	③
		16	经络美容	76	18	8	40	10	4	①②③④
		17	美容营养	76	36	0	20	20	4	①②③
		18	企业文化	78	0	18	20	40	4	②③
		19	服务流程管理	94	0	36	18	40	5	①②③④
小　计				332	54	62	106	110	17.5	
2016年	1月至6月	20	应用写作	27	16	0	8	3	1.5	①②
		21	职业英语	36	18	0	18	0	2	②③
		22	芳香疗法	96	36	0	0	60	5.5	①②③④
		23	专业面部护理	95	9	36	10	40	4.5	①②③④
		24	专业身体护理	95	9	36	10	40	4.5	①②③④
		25	管理实践能力	78	0	18	0	60	4	①②④
		26	企业战略管理	58	0	18	0	40	3	①②③
		27	毕业设计	160	18	0	62	80	8	③
小　计				645	106	108	108	323	33	
合计				1 746	306	311	388	741	91	

说明：1. 考核方式：①笔试，②面试，③任务考核，④业绩考核。

2. 学分计算：理论（讲授、培训）18学时为1个学分；实践教学（任务训练、岗位实践）以周为单位计算，每1周（折合20学时）为1个学分。

3. 毕业设计为学校规定学时与学分，不能随意改动。

现代学徒制医疗美容技术专业教学标准

一、专业名称及代码

专业名称：现代学徒制医疗美容技术（专业代码：630408）

二、招生对象及报考条件

身体健康，符合广东省普通高等院校自主招生报考资格的应届往届中职毕业生（含技工学校、高中毕业生），其中高中毕业生应通过广东省高中学业水平测试（学业水平成绩1门C级或以上、2门D级或以上），并具有中级（含中级）以上美容师职业资格或相关技能等级证书，有志于从事美容专业技术岗位与美容销售管理岗位工作的美容企业在岗员工。

三、学制与学历

学制两年，全日制高职学历教育。

四、培养目标与规格

本专业主要面向美容企业，培养在生活美容领域的技术服务和技术管理岗位，能够从事美容师、美容顾问、美容院店长、美容技术培训等职业岗位群工作，具有良好的职业素养和美容经营管理及解决实际问题的能力，具有信息运用和团队协作能力的高级技术技能型人才。

本专业所培养的人才应具有以下专业技术、岗位能力与职业素质：

（一）专业技术要求

（1）能够运用医学基础知识正确分析问题皮肤的成因，根据顾客美容需求及皮肤问题科学制订皮肤护理方案。

（2）会运用产品知识，引导顾客选择合适的产品和护理项目，解答顾客提问。

（3）会运用中医基础理论知识和经络美容技术，实施美容养生保健护理项目。

（4）运用美容营销基本知识和销售技巧，分析顾客需求。

（5）运用现代企业管理和顾客管理基本知识，建立良好的客情关系。

（6）运用美容医学知识于顾客健康管理、膳食调理等养生保健指导工作。

（二）岗位能力要求

1. 技术岗位能力要求

（1）具有对公司美容项目销售及公司流程运作的能力。

（2）能够熟练实施专业护理与养生保健项目流程操作的能力。

（3）具有挖掘客户需求，为顾客设计护理疗程的能力。

（4）具有美容项目或产品咨询及销售能力。

（5）具备运用美容养生保健知识指导顾客保养的能力。

2. 管理岗位能力要求

（1）有传播企业文化和公司经营理念、品牌推广的能力。

（2）具备维护好客户满意度、客户到店、客户服务、客户异议处理等客户关系管理能力。

（3）具备产品销售、项目销售管理、绩效目标管理能力。

（4）具备常客维护与新客拓展计划与分析、产品品牌管理计划与分析的能力。

（三）职业素质要求

（1）具有良好的职业道德，熟悉服务行业卫生管理规范及相关的法律法规。

（2）具有良好的交流沟通能力、适应能力和团队协作能力。

（3）具有健康的体魄和良好的心理素质。

（4）具有较强的自学能力、组织协调能力和创新能力。

（5）具有较强的分析问题和解决问题的能力。

五、就业方向与职业规格

本专业面向企业在职员工招生，就业面向生活美容的职业岗位群，包括专业技术岗位、销售管理岗位。专业技术岗位群就业职位：美容师（高级）、美容顾问、技术督导、技术总监；销售管理岗位群就业职位：主管、店长、经理、市场总监。

结合国家职业标准，对本专业毕业生就业岗位分析如下：

1. 初始岗位群

（1）专业技术岗位：美容师、美容顾问、技术培训。

（2）销售管理岗位：副店长、店长、门店经理。

2. 发展岗位群

（1）岗位晋升：毕业后根据个人发展及企业需求，获得相关岗位晋升机会，由专业技术岗位、销售管理岗位晋升，从事高级美容师、技术督导、技术总监、销售总监等技术和管理岗位工作。

（2）岗位迁移：毕业后通过医疗美容相关岗位技术的进修培训或在美容医师的指导下，在医疗美容机构从事整形美容咨询助理、美容咨询与设计、中医美容护理等专业技术工作；也可在化妆品专业线从事美导或形象设计等相关工作。

序号	就业岗位	职业资格
1	专业技术服务	高级美容师/芳香保健师
2	技术培训/督导	高级美容师/企业培训师
3	美容顾问	高级美容师/咨询师
4	店长	高级美容师/市场营销师

备注：本专业毕业生对口就业在美容院线的美容技术服务与管理岗位，也可在美容相关岗位工作，例如美容咨询师、形象设计师等。

六、职业岗位群能力分析

本专业就业岗位面向大型美容集团公司专业技术服务和销售管理等职业岗位群，属生活美容领域。根据企业岗位工作内容和要求，结合国家职业标准，对企业岗位群能力分析如下：

（一）社会能力

（1）具有良好的思想政治素质、严谨的行为规范和良好的职业道德。
（2）具有较强的计划组织协调能力、团队协作能力。
（3）具有较强的服务意识和质量意识。
（4）具有较强的开拓创新能力。
（5）具有较强的语言表达能力、人际沟通能力。
（6）具有良好的心理素质和身体素质。

（二）方法能力

（1）具有自主学习新的技能与知识，自我提高的能力。
（2）有分析解决问题的方法能力和制订完善工作计划的能力。
（3）具有合理的科学思维方法能力。
（4）努力钻研美容专业理论知识，具有较强的美容专业技能。
（5）具有较强的公关能力，会与顾客沟通感情。

（三）专业能力

序号	岗位名称	职业能力
1	美容师	（1）正确分析皮肤类型及皮肤问题的成因，根据不同类型皮肤正确使用产品。 （2）熟练运用美容医学知识指导专业护理实践。 （3）熟练进行专业护理流程操作，按整体服务要求为求美者提供优质的专业服务。 （4）正确引导顾客选择项目和产品，配合美容顾问进行产品介绍和销售
2	美容顾问	（1）收集顾客信息，正确分析、判断顾客美容需求。 （2）根据顾客皮肤问题和美容需求，为顾客制订个性化美容护理计划。 （3）全程跟踪护理实施过程，及时了解、反馈并记录治疗效果和求美者满意度。 （4）解释护理计划疗程设计的专业问题，消除顾客对产品和项目的异议，达成销售的目的。 （5）培训产品知识、美容技术培训
3	技术培训/督导	（1）对于企业文化有深刻的领悟，具备丰富的产品、市场知识。能够根据岗位要求培训对象编写培训方案。 （2）具备丰富的行业知识与生动的专业案例，有较强的信息交流与沟通能力。 （3）精通皮肤美容，对产品技术推广、市场培训需求及课程开发，有丰富实操经验，能深度挖掘产品成分机理和项目技能。 （4）能根据培训内容独立撰写演讲素材。 （5）表述具有较强的条理性
4	店长	（1）市场需求信息的收集与反馈，根据公司经营理念、品牌推广促销活动策划。 （2）具备维护客户满意度、客户到店、客户服务、客户异议处理等客户关系管理能力。 （3）具备产品销售、项目销售管理、绩效目标管理能力。 （4）具备常客维护与新客拓展计划与分析、产品品牌管理计划与分析的能力

七、课程体系

(一) 课程描述

医疗美容技术专业现代学徒制课程体系的构建，根据美容行业（企业）发展要求，基于专业技术服务一线岗位工作过程，构成突出专业能力、岗位工作能力和岗位拓展能力的课程体系，由职业基本素质、职业通用能力、职业技术能力、职业能力拓展课程四部分组成。

1. 职业基本素质课程

思想道德修养——廉洁修身专题、毛泽东思想和中国特色社会主义理论体系概论、形势与政策、办公自动化、职业英语、应用文写作等。

2. 专业技术技能基础课程

企业文化、服务礼仪、美容顾客健康管理、美容营养、美容消毒卫生。

(1) 美容顾客健康管理。

①课程内容。本课程根据美容护理工作过程中，为顾客进行护理和健康指导所必需的医学基础知识选择教学内容，包括健康的概念、影响健康的因素，人体消化、呼吸、循环、内分泌、运动等系统的生理功能。颅骨、脊椎的形态特征、运动与健康的关系、各类营养物质消化吸收的基本过程、几种主要激素的生理作用及其分泌调节。

②课程要求。通过本课程的学习，让学生认识健康的概念、了解影响健康的因素。熟悉面颅骨、脊椎的体表标志、运动系统的功能，认识食物消化吸收的基本过程，激素的生理作用及其分泌调节与健康的关系，掌握内分泌系统的功能，能够运用正常人体各系统生理、代谢的基础知识，指导顾客做好皮肤保养及健康管理。

③课程技能考核项目与要求。

项目1：能运用人体体表标志，正确取穴。健康生活方式指导。

项目2：能运用人体生理、代谢知识解释影响健康的因素。

项目3：运用健康生活方式指导顾客科学减肥。

(2) 美容营养。

①课程内容。本课程根据美容专业护理（减肥、皮肤保养）工作流程的咨询、指导等工作任务所必需的营养知识和技能设计课程内容。包括营养学基础知识、合理膳食与均衡营养、美容营养与膳食指导、健康膳食指导、女性更年期营养与膳食指导、代谢性疾病膳食营养、营养与肿瘤等。

②课程要求。通过本课程的学习，要求学生了解营养学基础知识，掌握营养、营养素、合理膳食、均衡营养的概念，掌握合理膳食、均衡营养的重要性。能够为肥胖者制订膳食计划，进行皮肤美容、现代疾病（肥胖、高血压、糖尿病）预防等与营养有关的健康指导工作。

③课程技能考核项目与要求。

项目1：指导肥胖者科学膳食、合理搭配。（三餐吃什么？怎么吃？吃多少？什么时候吃？）

项目2：能够指导更年期女性合理膳食，帮助制订适合个人饮食的膳食计划。

项目3：能够清晰陈述高血脂膳食调理原则、注意事项。

（3）美容消毒卫生。

①课程内容。根据国家对美容场所和从业人员卫生管理相关法规的要求，为顾客和从业人员提供卫生、安全的美容环境，防止传染病传播与流行，从业人员应掌握的卫生知识和技能设计本课程，内容包括卫生消毒基本概念、美容院卫生管理规范、美容院常用物理化学消毒知识及方法，微生物与常见传染病的预防等。

②课程要求。通过本课程的学习，了解美容院卫生管理规范要求，从而认识卫生消毒工作在人体皮肤保健工作中的重要性，培养良好的职业卫生习惯。掌握消毒的质量管理和合格标准、消毒灭菌的概念及消毒原理，了解微生物及传染病的"三要素"，掌握化学及物理的消毒知识和方法，掌握卫生消毒技能在实际工作中的应用。能够运用皮肤美容消毒卫生知识，做好美容院卫生消毒管理，科学地做好美容皮肤保健工作，预防常见病原微生物感染和传染病的传播，保障人体健康。

③课程技能考核项目与要求。

项目1：严格执行卫生管理制度，做好美容院环境卫生、用物用品卫生要求、个人卫生要求。

项目2：按规范要求指导美容院卫生管理，预防传染病。

项目3：正确选择及运用美容消毒方法（毛巾、室内、仪器）。

3. 岗位技术技能课程

美容产品选择与应用、专业皮肤护理、客情维护、专业身体护理、中医体质辨识与养生、经络美容、服务流程管理、芳香疗法。

（1）经络美容。

①课程内容。本课程为专业皮肤护理（面部拨筋、面部淋巴排毒等项目）、专业身体护理保养项目（肩颈护理、全身淋巴排毒、肾保养、乳腺保养等）提供相关的中医经络知识和技术，包括十二经络的名称、体表循行线路，常用经穴的名称、定位及功效，常用淋巴排毒、经络按摩手法，刮痧、拔罐、推拿技术的作用原理及操作注意等。

②课程要求。通过本课程的学习，要求学生熟悉十二经络的名称、体表循行线路，常用经穴的名称、定位及功效，能够正确取穴、定穴，熟练运用经络养生知识和指导专业皮肤护理（面部拨筋、面部淋巴排毒等项目）、专业身体护理保养项目实践（肩颈护理、全身淋巴排毒、肾保养、乳腺保养等），能够熟练运用经络疏通技术、头部减压放松技术、肩颈疏通技术、背脊疏通技术、刮痧美容术。

③课程技能考核项目与要求。

项目1：熟练运用背部经络疏通技术。
项目2：熟练运用肩颈疏通技术。
项目3：熟练运用刮痧美容术。

（2）中医体质辨识与养生。

①课程内容。课程内容主要包括中医脏腑、气血津液理论，体质的概念、分类及特点，体质是怎样形成的，影响体质的因素，体质辨识（四诊）、体质调理等。

②课程要求。课程内容主要要求学习掌握中医基础知识，了解体质的概念，掌握体质的形成及影响因素，学会四诊辨识体质的方法，掌握不同体质的生理特点，了解不同体质对不同疾病的易感性、不当饮食引起体质偏颇的表现，掌握精神、药膳、饮食、运动等8种体质调养方法。

③课程技能考核项目与要求。

项目1：痰湿体质的包含调理。
项目2：气郁体质的调理方法。
项目3：瘀血质体的调理方法。

4. 职业岗位能力拓展课程

企业经营管理、成功案例分析、企业战略管理、管理实践能力。

（二）课程体系构成表

课程模块	序号	课程名称	授课时间	总学时	集中授课学时	企业培训学时	任务训练学时	岗位培养学时	学分	考核方式
职业基本素质课程	1	思想道德修养与法律基础——廉洁修身教育专题	2014年9月至12月	49	9	0	30	10	2.5	③
	2	形势与政策	2015年1月至6月	29	9	0	20	0	1.5	③
	3	毛泽东思想和中国特色社会主义理论体系概论	2015年1月至6月	8	0	0	8	0	0.5	③
	4	团队合作与个人管理	2014年9月至12月	36	12	8	8	8	2	②③④
	5	常用办公软件	2015年1月至6月	36	8	0	16	12	2	②③
	6	职业英语	2016年1月至6月	36	18	0	18	0	2	②③

续上表

课程模块	序号	课程名称	授课时间	总学时	集中授课学时	企业培训学时	任务训练学时	岗位培养学时	学分	考核方式
职业基本素质课程	7	应用写作	2016年1月至6月	27	16	0	8	3	1.5	①②
	8	岗位安全教育	2015年1月至6月	16	0	8	0	8	1	②
		小　计		237	72	16	108	41	13	
专业技术技能基础课程	1	服务礼仪	2014年9月至12月	49	0	9	0	40	2.5	①②③
	2	美容顾客健康管理	2014年9月至12月	46	36	0	0	10	2.5	①②③
	3	美容消毒卫生	2014年9月至12月	48	18	0	10	20	3	①②③
	4	企业文化	2015年7月至12月	78	0	18	20	40	4	②③
	5	美容营养	2015年7月至12月	76	36	0	20	20	4	①②③
		小　计		297	90	27	50	130	16	
岗位技术技能课程	1	美容产品选择与应用	2014年9月至12月	94	18	36	0	40	5	①②③④
	2	专业面部护理	2015年1月至6月	95	9	36	10	40	4.5	
	3	客户维护	2014年9月至12月，2013年1月至6月	156	0	36	40	80	8	③④
	4	专业身体护理	2015年1月至6月	95	9	36	10	40	5	①②③④
	5	中医体质辨识与养生	2016年1月至6月	84	36	8	20	20	5	①②③④

续上表

课程模块	序号	课程名称	授课时间	总学时	集中授课学时	企业培训学时	任务训练学时	岗位培养学时	学分	考核方式
岗位技术技能课程	6	经络美容	2014年7月至12月	76	18	8	40	10	4	①②③④
	7	服务流程管理	2015年7月至12月	94	0	36	18	40	5	①②③④
	8	芳香疗法	2016年1月至6月	96	36	0	0	60	5	①②③④
	9	毕业设计	2016年1月至6月	160	18	0	62	80	8	①
		小　计		950	144	196	200	410	49.5	
职业岗位能力拓展课程	1	企业经营管理	2015年1月至6月	68	0	18	10	40	3.5	②③
	2	成功案例分析	2015年1月至6月	58	0	18	0	40	3	②③④
	3	企业战略管理	2016年1月至6月	58	0	18	0	40	3	①②③
	4	管理实践能力	2016年1月至6月	78	0	18	0	60	4	①②④
		小　计		262	0	72	10	180	13.5	
		总　计		1 746	306	311	368	761	92	

说明：

1. 考核方式：①笔试，②面试，③任务考核，④业绩考核。

2. 学分计算：理论（讲授、培训）18学时为1个学分；实践教学（任务训练、岗位实践）以周为单位计算，每1周（折合20学时）为1个学分。

3. 学徒必须在岗位技术技能课程模块中选择1个课程模块，同时可以选择另一个模块中的任意课程，可计算学分，另选课费。

4. 拓展课程由学徒自由选择，由合作企业委派师傅进行师带徒个性培养。

5. 毕业设计为学校规定学时与学分，不能随意改动。

（三）课程教学进程表

教学进度安排		序号	课程名称	总学时	集中授课学时	企业培训学时	任务训练学时	岗位培养学时	学分	考核方式
2014年	9月至12月	1	思想道德修养与法律基础——廉洁修身教育专题	49	9	0	30	10	2.5	③
		2	美容顾客健康管理	46	36	0	0	10	2.5	①②
		3	美容消毒卫生	48	18	0	10	20	2.5	①②③
		4	美容产品选择与应用	94	18	36	0	40	5	①②③④
		5	客户维护（一）	78	0	18	20	40	4	②③④
		6	团队合作与个人管理	36	12	8	8	8	2	②③④
		7	服务礼仪	49	0	9	20	20	2.5	①②③
	小　计			400	93	71	88	148	21	
2015年	1月至6月	8	形势与政策	29	9	0	20	0	1.5	③
		9	常用办公软件	36	8	0	16	12	2	②③
		10	中医体质辨识与养生	84	36	8	20	20	4.5	①②③④
		11	客户维护（二）	78	0	18	20	40	4	③④
		12	岗位安全教育	16	0	8	0	8	1	②
		13	企业经营管理	68	0	18	10	40	3.5	②③
		14	成功案例分析	58	0	18	0	40	3	②③④
	小　计			369	53	70	86	160	19.5	
2015年	9月至12月	15	毛泽东思想和中国特色社会主义理论体系概论	8	0	0	8	0	0.5	③
		16	经络美容	76	18	8	40	10	4	①②③④
		17	美容营养	76	36	0	20	20	4	①②③
		18	企业文化	78	0	18	20	40	4	②③
		19	服务流程管理	94	0	36	18	40	5	①②③④
	小　计			332	54	62	106	110	17.5	

续上表

教学进度安排		序号	课程名称	总学时	集中授课学时	企业培训学时	任务训练学时	岗位培养学时	学分	考核方式
2016年	1月至6月	20	应用写作	27	16	0	8	3	1.5	①②
		21	职业英语	36	18	0	18	0	2	②③
		22	芳香疗法	96	36	0	0	60	5.5	①②③④
		23	专业面部护理	85	9	36	0	40	4.5	①②③④
		24	专业身体护理	85	9	36	0	40	4.5	①②③④
		25	管理实践能力	78	0	18	0	60	4	①②④
		26	企业战略管理	58	0	18	0	40	3	①②③
		27	毕业设计	160	18	0	62	80	8	③
小　计				625	106	108	88	323	33	
合　计				1 726	306	311	368	741	91	

说明：

1. 考核方式：①笔试，②面试，③任务考核，④业绩考核。
2. 学分计算：理论（讲授、培训）18学时为1学分；实践教学（任务训练、岗位实践）以周为单位计算，每1周（折合20学时）为1学分。
3. 毕业设计为学校规定学时与学分，不能随意改动。

八、教学要求

（一）教学安排

学校导师承担的教学工作量约占总学时的1/3，主要负责职业基本素质课程模块、专业技术技能基础课程模块、岗位技术技能课程模块的基本理论知识部分，在企业导师协助下以集中授课形式完成教学任务；企业导师承担的教学工作量约占总学时的2/3，主要负责专业技术技能基础课程模块，岗位能力拓展模块的技术技能实践教学部分，在学校导师的指导和协助下以任务培训、任务训练和岗位培养形式完成教学任务。整个教学过程体现学校为主导企业为主体。

（二）教材、学习资料

参照国家级、省级规划教材，根据本专业学生职业岗位（群）的知识和技能需求并结合行业标准，组织行业企业专家共同编写突出高等职业教育特色、体现基于工作过程和职业资格培训内容特点，能满足学生学习和教学要求的校本教材。鼓励教师制作体现岗位工作流程，与服务项目配套的操作视频、课件等教学资源。课程内容及相关实训项目考核标准，结合国家职业资格等级标准和企业岗位等级晋升标准，编制现代学徒制学生学习讲义。

本专业图书的数量不少于每个学生50本，图书的新添置量每年不少于每个学生2册。数字化专业学习资源要能够满足教师、学生、企业职工自主学习的要求。

（三）教学方法、手段与教学组织形式建议

1. 教学组织与实施

体现岗位培养，工学交替，以学生为中心、做中学、学中做的教学理念，充分利用现代教育技术和学生岗位工作条件（美容专业护理、产品销售等），实施真实的项目化教学，充分实现理论学习与操作实践一体化教学，结合岗位工作任务，按门店服务项目的内容培训和考核。集中讲授以问题导入、任务驱动、项目实施、案例分析、情景演示等，突出培养学生解决和分析实际问题的能力。

教学手段应多元化，鼓励使用多媒体教学，加大录像、图片、动画等直观教学元素在多媒体课件中的使用。在有条件的情况下引入企业远程资源，组织现场教学。

教学任务安排充分体现学校为主导，企业为主体，学校导师承担的教学任务约占1/3，采取送教上门，集中讲授形式完成教学任务。企业导师承担的教学任务约占2/3，通过集中培训、任务训练和岗位培训形式完成教学任务。

教学形式多样，教学方法灵活。通过现场教学、课堂讨论、案例分析、任务考核等形式提高学生学习的积极性和主动性。

2. 教学资源建设

组织编写现代学徒制专业课课程标准、案例汇编、试题库、课件、操作流程视频等教学资源。

（四）教学评价、考核建议

教学评价包括对教师授课的评价和对学生学习的评价两个方面。教学评价注重教学效果，即学生学习结果的评价。教学评价由专业教学团队和教学管理相关人员集体讨论制订具体的评价方案（如现代学徒制专业课程教学教师教学评价表），方案的评价指标应重点体现教师的授课情况和学生的学习情况。重点突出教学内容是否符合岗位能力需求，对提升学生的职业能力是否有帮助，教学方式方法是否科学，教学准备是否充分，学生的学习态度、学习积极性、学习效果等。

对学生学习评价的考核重点要考核其学习态度、学习方法和能力。对学习的考核应加强综合素质的考核，授课教师不定期向学生了解学习情况和学习效果，应在专业能力考核的基础上增加对学生的学习和工作态度、组织协调能力、诚信服务意识和自主学习积极性等综合素质方面的指标。专业能力从基础知识和岗位能力两方面展开，基础知识

注重实践性及对技能操作的说明和指导，岗位能力的评价不但要看操作的结果，更要看操作过程的规范性，以及对问题的分析和解决能力。岗位实训的评价由企业导师主导，参照行业标准进行评价。

（五）教学管理

根据现代学徒制生源特点，结合行业企业发展和学生工作实际，制订相应的人才培养方案、教学进程和考核要求。探索适合现代美容企业发展的现代学徒制教学组织模式，使学生的学习目标更加明确，专业教学更具有针对性。

建立规范的教学管理制度，教学中实施学分制管理，学生必须按照要求修完规定的学分才能毕业。应充分发挥学生学习的积极性与主动性，给学生创造足够的灵活度和空间，并在教学安排、课程设置、考试考核与评价模式考试等方面积极探索与之相适应的管理模式。

注重校企融合、岗位培养、岗位成才理念，强化实践技能的培养。构建基于工作过程的工学结合的现代学徒制人才培养模式。以职业岗位能力与素质要求明确课程目标，注重教学与生产、教学与服务的有机结合，实施工作岗位现场教学和实操指导，提升学生的职业素质与实际岗位工作能力。

九、专业教学团队

（一）基本要求

1. 学校导师

学校导师由 3~5 人组成，职业教育教学能力较强，对现代学徒制人才培养模式有一定研究，能够在教学、教改、教学资源建设、服务企业等工作中发挥重要的作用。

学校导师具备以下条件：

（1）具备本科以上学历，讲师以上专业职称，执业医师或高级美容师以上职业资格。有行业相关岗位工作经历。

（2）较为深厚的医学美容知识，连续 3 年以上担任本专业主干课程的教学任务，教学效果满意度 90% 以上。

（3）协助专业带头人开展教研教改，按本专业学科建设项目要求完成相应的工作任务。能够提出适合专业发展的建设性意见和策略。

（4）具有创新性思维，教学思路、教学方法能够满足学生能力提升要求。

（5）能根据行业发展、企业现状和学生个人发展要求及时更新教学内容。

2. 企业导师

企业导师来自合作企业管理岗位、专业岗位、专业技术培训岗位、专业一线业务能力突出的优秀员工，具有 5 年以上工作经验，具有较好的语言表达能力，具有相关岗位职业资格。

企业导师（师傅）应具有以下工作职责：

（1）参加本专业人才培养方案修订和岗位调研。

（2）参加本专业课程开发和实训标准的制定。

（3）参加毕业设计选题、资料搜集指导工作。

（4）指导学生任务训练。

（5）指导学生进行专业岗位实践。

（二）建设目标

根据现代学徒制人才培养模式教学特点，建立一支有相关岗位工作经历，年龄结构合理，生师比配置能满足教学和带教需要，职业教育教学水平高，岗位实践教学经验丰富的双师素质"双导师"教学团队（校内导师按师生比不小于1:16，企业导师按师生比1:2）；配置专业带头人2人（学校和企业各1人）。

十、合作企业的准入标准

现代学徒制是以学校为主导，企业为主体，采取校企双元育人、交替训教、岗位培养，学员双重身份、工学交替、岗位成才的人才培养方式。因此，教学设施由企业提供，合作企业需达到一定规模，具备一定师资力量和实训条件才能满足现代学徒制人才培养的教学要求，确保人才培养质量。

（一）师资基本条件

拥有一支技术能力、资历、年龄结构合理，实践经验丰富和业务素质高的企业中高层管理者和企业技术骨干组成的专业培训团队，能承担企业内部员工岗位晋升培训和新员工培训与考核工作。能根据企业发展要求，配合人力资源部门制订员工培训计划，组织培训与考核。

（二）企业整体规模

企业组织架构完整，直营管理，管理制度健全，员工总人数500人以上，内部培训自成体系，培训管理规范；企业直属门店10家以上，每一门店员工数不少于20人，床位数15张以上。门店人员配置及场地设施设备条件能满足学员岗位培养要求。

（三）职业培训设施条件

1. 场地设施

场地功能布局合理，教学设施设备先进，有多媒体课室（30~50人）1~2间、技能实训室不少于2间（40个工位数），可满足入职培训和在岗晋升培训考核要求。

2. 培训体系

企业内部有完整独立的培训体系，包括培训内容、培训对象、培训形式、培训教材、培训师资、培训效果的跟踪和管理。

培训内容有企业文化培训、流程制度培训、技术技能培训、职业素质提高培训、心态调整与潜能开发培训（情商培训）等。

培训形式主要有岗前培训、在岗培训；或企业内训与外出参加公开课培训等。

培训对象有高层管理人员培训、中层管理人员培训、基层员工培训、新员工培训及各层级员工培训等。

现代学徒制医疗美容技术专业"美容消毒卫生"课程标准

一、课程基本信息

课程名称	美容消毒卫生		课程编码		2253534		
课程类别	专业技术基础能力		学制		两年		
建议总学时	48	集中授课学时	18	企业培训	0	任务训练学时	10	在岗培养学时	20
课程承担单位	清远职业技术学院		适用专业		医疗美容技术		
合作单位	广东伊丽莎白美容学校		制定人员		吴琼、黄惠安		
制定日期	2013年9月		审核日期		2013年9月		

二、课程定位

1. 课程对应的岗位及其任务

美容院是一个社会性公共场所,卫生管理的质量直接关系到广大消费者的切身利益,关系到美容院的服务质量和社会信誉,因此,美容从业人员掌握卫生知识和消毒技术是美容规范经营所必须要求的内容。"美容消毒卫生"课程内容主要包括美容院卫生要求、常见传染病预防知识、实用消毒卫生技术等,课程旨在培养学生消毒卫生理论知识的实际应用能力,美容院卫生管理能力及传染病预防的实践能力。

2. 课程性质

职业技术能力基础课。

3. 课程地位

本课程是医疗美容技术专业的专业基础课程,是学习其他专业技能课程的基础。围绕《美容美发卫生管理规范》卫生要求,以加强卫生管理、规范经营为出发点,使学生了解常见传染病预防的基础知识,掌握常见微生物及传染病"三要素",掌握化学及物理的消毒知识和方法,有助于在美容实践中做好卫生消毒及常见传染病的预防工作。

在课程体系中,该课程前导课程有美容顾客健康管理,后续课程有专业面部护理、专业美体护理、经络美容等专业课程，课程具有综合性、实践性的特点，是医疗美容专业的核心课程及特色课程。

三、课程设计思路

以岗位需求为导向，突出学生消毒卫生知识应用能力的培养为主线，以美容工作环境为载体，分析典型工作过程，确定课程定位；分析职业岗位的任务要求，确定课程教学内容；课程内容包括5个项目，17个典型工作任务；依据《公共场所卫生管理条例》《美容美发卫生管理规范》《美容院卫生管理制度》要求，将美容师所必须具备的消毒卫生知识和技术，常见传染病的预防和控制实践能力，与企业工作岗位需求紧密对接，序化教学内容；校企共研教学方法和教学手段，构建新的课程质量评价标准。

四、课程目标

1. 总体目标

使学生了解微生物及传染病"三要素"，掌握化学及物理的消毒知识和方法。在人体皮肤保健工作中，运用皮肤美容消毒卫生知识，做好美容皮肤护理的卫生消毒工作，科学地进行皮肤美容。

2. 具体目标

（1）能力目标。
①按照公共场所卫生管理规范，做好美容院的消毒卫生管理工作。
②熟练进行室内空气消毒、生活饮用水消毒、美容用物用品消毒。
③具备公共场所常见传染病预防的实践能力。
④会配制含氯消毒剂、碘伏、乙醇等消毒剂。

（2）知识目标。
①了解各种消毒方法的消毒原理及灭菌效果。
②掌握传染病的"三要素"及消毒工作的意义。
③掌握物理消毒影响因素及应注意的问题。
④掌握化学消毒剂及其效果的分类。

（3）职业素养目标。
①遵守职业道德规范，有良好的职业素养。
②具有健康的体魄和良好的心理素质。
③有良好的人际沟通能力和团队合作精神。
④具备较强的安全意识和责任意识。

四、课程内容和要求

1. 集中授课内容

案例名称	学习目标	主要内容	参考学时
认识微生物与人和动物的关系	1. 了解微生物的分类及其特点。 2. 了解微生物在土壤、水和空气中的分布及来源。 3. 掌握人体各部位微生物的种类及生理功能	1. 微生物种类及分布。 2. 辩证分析微生物与人和动物的关系。 3. 寄居于体表的正常菌群及其生理作用。 4. 条件致病菌及致病条件	6
美容院常见传染病的预防与控制	1. 了解传染的概念。 2. 掌握传染的途径。 3. 熟悉传染病流行的三个环节。 4. 掌握传染病传播途径及预防措施。 5. 掌握美容院常见传染病的传播方式预防。 6. 熟悉美容院环境卫生、个人卫生、用物卫生要求	1. 造成传染病的流行必须具备传染源、传播途径和易感人群三个基本条件,自觉执行美容院卫生管理规定,切断病原传播途径,做好传染病预防和控制相关工作。 2. 艾滋病、乙肝、丙肝等常见传染病的传播途径及预防,做好个人卫生消毒工作	6
消毒技术的应用	1. 掌握常用消毒技术的消毒效果及应用范围。 2. 理解清洁、消毒、灭菌概念的定义。 3. 能够根据不同的消毒灭菌要求合理选择消毒方法。 4. 熟悉影响消毒效果的因素。 5. 消毒方法选择的原则	1. 区别清洁、消毒、灭菌对微生物的影响。 2. 比较物理消毒方法和化学方法的应用,分析影响消毒效果的因素及化学消毒剂的安全性问题。合理选择消毒方法,达到卫生消毒标准。 3. 根据消毒方法选择的原则,对仪器、设备、用品进行消毒灭菌处理	6

2. 任务训练内容

任务名称	训练目标	任务要求	参考学时
消毒技术的应用	1. 操作前双手清洁方法，配制美容师手部消毒剂。 2. 按照公共场所卫生管理规定要求，对美容用品用具进行清洗、消毒。 3. 对美容用品进行消毒后的保洁	1. 公共用品用具消毒。 （1）毛巾、面巾、床单、被罩等美容用具等公共用品用具应一客一换一消毒。 （2）直接接触顾客皮肤的美容器械应一客一消毒。 2. 公用饮具应一客一换一消毒，已消毒和未消毒饮具应分开存放	4
从业人员卫生管理	1. 从业人员上岗健康管理内容培训。 2. 从业人员卫生知识培训。 3. 从业人员个人卫生要求	1. 从业人员健康体检内容及健康管理规定。 2. 从业人员应完成规定学时的卫生知识培训，掌握有关卫生法律法规、基本卫生知识和卫生操作技能等，取得卫生知识培训合格证明后方可上岗。 3. 从业人员应保持良好的个人卫生，不留长指甲，勤剪发、勤修甲、勤洗澡、勤换衣，饭前便后、工作前后洗手。工作时不得涂指甲油及佩戴饰物，操作过程中严格洗手消毒，保持工作服整齐干净	6

3. 在岗培训课程内容

岗位名称	培训目标	主要工作内容	参考学时
美容院常见传染病预防	1. 了解美容院病原体与常见传染病。 2. 掌握美容院卫生管理与传染病的预防措施	1. 熟悉美容院常见皮肤传染病及传播途径，做好美容室内空气消毒，毛巾、拖鞋等公共用物的消毒灭菌工作。 2. 掌握常见血液传染病以及对健康的危害，如艾滋病、乙型肝炎等，避免交叉感染。 3. 常见传染病预防措施的应用。如紫外线、煮沸、蒸气消毒	12

续上表

岗位名称	培训目标	主要工作内容	参考学时
美容院卫生与消毒	1. 熟悉美容院卫生管理要求。 2. 掌握美容器具清洁、消毒、保洁方法。 3. 掌握常规消毒步骤及消毒安全	1. 美容院环境卫生、仪器设备、用品清洁方法及清洁步骤。美容师个人卫生要求。 2. 常用美容用物用具清洁剂的选择和消毒水的配制。 3. 美容院中常规消毒步骤及安全注意事项	8

五、实施要求及建议

1. 师资要求

学校导师应具有医学教育背景，熟悉常见传染病预防知识，掌握常用消毒技术应用范围及使用方法。熟悉《美容美发场所卫生规范》《美容院卫生管理制度》等美容卫生管理相关法律法规。熟悉课程教学内容及企业岗位工作任务和工作过程；企业导师应掌握美容卫生管理的具体内容及要求，熟悉美容用物用品消毒卫生方法。

2. 考核要求

采用笔试、面试和任务考核。其中笔试占30%，面试占30%，任务考核占40%。

3. 教材编写建议

从企业岗位实际工作出发，根据国家对公共场所卫生管理规范及常见传染病的预防和控制要求，确定课程目标及教学内容，编写既能满足学员学习需求又符合实施项目化教学要求的讲义。

4. 教学建议

本课程以培养具备美容卫生管理基础知识和实践能力，具有医疗卫生素质的应用能力为目标，在内容安排上突出实用性，强调卫生消毒知识在美容保健工作中的重要性，集中讲授内容主要包括微生物及传染病"三要素"，消毒灭菌的概念及理论知识，常用物理、化学消毒知识及方法，卫生消毒技能在实际中的应用。

教学形式主要有集中讲授、任务训练、岗位培养，集中讲授美容消毒卫生基础知识及基本技术的应用，任务训练按照《美容美发场所卫生规范》《美容院卫生管理制度》有关规定，结合美容院环境卫生、个人卫生、用物用品卫生的管理，通过定期和不定期的检查，了解学生在实际工作中对课程相关知识的运用，任务训练和岗位培训则是学生在企业导师指导下在美容师岗位工作中完成。在整个教学过程中，必须对学生的实践活动进行理论指导，以加强对美容卫生管理和传染病预防工作重要性的理解。

5. 课程资源开发与利用

（1）重视卫生消毒知识和消毒技术应用，开发校本教材。

（2）编写教材与教材配套的试题、习题、考核评价表、教学案例和课件等教学资源。

（3）建立网络资源共享平台，供学生学习、教学互动等，提供远程学习辅导。

六、其他说明

教材与参考书。

教材：自编讲义。

参考文献

1. 周尚汉. 消毒实用技术［M］. 北京：军事医学科学出版社，2004.
2. 刘洪亮. 公共场所卫生与传染病预防［M］. 北京：化学工业出版社，2007.

现代学徒制医疗美容技术专业 "专业面部护理" 课程标准

一、课程基本信息

课程名称	专业面部护理		课程编码		2253533	
课程类别	岗位技术能力		学制		两年制	
建议总学时	95	集中授课学时	9	企业培训学时	36	任务训练学时	10	在岗培养学时	40
课程承担单位	护理学院		适用专业		医疗美容技术	
合作单位	广东伊丽莎白美容健身有限公司		制定人员		吴琼、黄惠安	
制定日期	2013年5月		审核日期		2013年6月	

二、课程定位

1. 课程对应的岗位及其任务

本课程对应的岗位是美容专业技术岗位，课程内容包括接待咨询、皮肤分析、面部专业护理疗程设计、产品选择、面部皮肤护理流程操作等，重点是让学生学会运用相关医学知识分析皮肤问题，根据顾客的美容需求和皮肤问题设计个性化护理方案，熟练运用专业面部护理技术实施面部护理操作。

2. 课程性质

属于职业技术能力课程模块。

3. 课程地位

本课程涵盖的知识与技能，是美容专业技术岗位典型工作任务的核心内容，与国家美容师职业资格考核（中、高级）皮肤护理相关内容相融合，与美容医学基础、美容营养、美容产品的选择与应用等岗位技术能力课程密切相关。课程具有综合性、实践性强的特点，是医疗美容专业的专业核心课程及特色课程。

三、课程设计思路

本课程以国家美容师职业资格标准要求为依据，结合典型工作任务的能力要求设计课程教学目标,课程讲授紧密结合美容师岗位实际工作任务,以培养学生解决实际问题的能力为主线,重点加强面部问题皮肤专业护理能力训练。以不同顾客皮肤护理案例为载体设计教学活动,通过工学交替、岗位培养完成教学任务。

举例:

某顾客,女,38 岁自觉皮肤干燥、眼周有小细纹,肤色较暗,到美容院要求祛皱美白。

课程要求:运用皮肤护理基本知识分析顾客皮肤类型,制订护理计划。

顾客需求:美白、祛皱。

皮肤分析:干性皮肤。

护理要点:补水改善肤质,美白嫩肤改善肤色。

护理建议:多饮水,使用保湿系列护肤品,至少每日早晚各一次,注意防晒,饮食注意补充胶原蛋白含量丰富的食品,每周一次专业皮肤养护。

四、课程目标

1. 总体目标

通过本课程学习,学生应掌握皮肤护理专业知识,熟悉问题皮肤成因及护理要点,熟练掌握面部护理操作技能及操作技巧。具有运用美容医学基本理论知识指导皮肤美容保健的能力,具有对问题皮肤进行分析判断和调理的能力。具备较强的解决实际问题的能力,有良好的沟通能力和服务意识。

2. 具体目标

(1) 能力目标。

①运用美容医学基础知识,正确判断皮肤类型,分析问题皮肤成因。

②运用皮肤护理专业知识,为不同美容需求的顾客设计护理疗程。

③能够熟练实施专业面部护理流程操作。

④能够熟练运用美容按摩术、刮痧术等美容技术。

⑤运用产品知识,引导顾客选择适合的项目和产品。

⑥运用皮肤专业知识与顾客沟通,解释主要操作及产品的作用、护理要点,解答顾客疑问。

(2) 知识目标。

①了解不同类型皮肤特点及产品的选择。

②熟悉面部护理操作流程及规范。

③熟悉问题皮肤的成因及护理要点。

④掌握面部护理常用仪器的使用方法及原理。

⑤掌握面部常用穴位的名称及功效。

（3）职业素养目标。

①遵守职业道德规范，有良好的职业素养。

②具有健康的体魄和良好的心理素质，具备很好的团队合作精神。

③有良好的人际沟通能力和团队合作精神。

④具备整体服务意识。

五、课程内容和要求

1. 集中授课内容

授课内容	学习目标	主要内容	参考学时
制订个性化护理方案	1. 能够正确判断皮肤类型，分析顾客需求。 2. 设计个性化护理方案	1. 常见问题皮肤成因及护理要点，常用美白、嫩肤、抗皱、控油等院装产品组合及使用方法。 2. 复杂问题皮肤护理原则与方法	4
面部经络护理	运用经络腧穴知识指导面部经络护理流程操作	1. 面部刮痧功效、操作技巧及操作注意；面部刮痧适应证及禁忌证。 2. 面部常用穴位名称、定位、归经及主治作用	5

2. 企业培训课程内容

培训名称	培训目标	主要内容	参考学时
产品/项目销售	熟悉顾客类型，产品销售技巧及沟通话术	客情分析、成功案例分享、不同功效院装产品知识培训，产品及项目销售话术	20
面部护理手法训练与考核	熟悉不同类型皮肤面部护理流程操作规范、操作技巧、沟通话术	1. 面部项目操作流程及产品搭配。 2. 项目流程各环节沟通话术及面部操作技巧	16

3. 任务训练课程内容

任务名称	训练目标	任务内容	参考学时
产品销售	1. 熟悉产品主要成分及功效。 2. 产品组合及销售话术	1. 引导顾客选择产品或项目,能与顾客进行专业沟通,得到顾客认可。 2. 与顾客沟通护理计划、达成护理目的	2
面部护理流程操作强化	熟悉流程护理操作规范、手法娴熟	按护理疗程实施护理流程操作练习及项目考核	8

4. 在岗培训课程内容

岗位名称	培训目标	岗位工作任务	参考学时
美容师	1. 掌握中性、干性、油性、问题皮肤护理要点及操作流程。 2. 熟悉产品使用方法及选择原则	1. 分析皮肤类型和顾客需求,正确引导顾客选择产品和项目。 2. 指导顾客选择家居产品及保养	10
美容顾问	1. 正确分析顾客皮肤、了解顾客需求,有针对性介绍产品和项目 2. 与顾客沟通护理目的,设计个性化护理方案,达成销售的目的	1. 产品介绍和销售。 2. 顾客类型分析。 3. 解释护理计划、疗程设计的专业问题,消除顾客对产品和项目异议。 4. 疗程跟踪,了解服务效果及质量	30

六、实施要求及建议

1. 师资要求

教师应熟悉岗位工作流程,了解面部专业护理规范及任务要求,熟悉面部护理流程操作及相关专业知识,熟悉课程相关专业理论知识的讲授,能独立完成所有项目流程及操作技能示范,熟悉与课程内容有关的岗位工作任务能力要求。

2. 考核要求

课程考核包括知识考核和技能考核两部分,前者以笔试、面试方式进行,后者以任务考核和业绩考核方式进行(包括单项考核和综合考核)。

课程总评成绩包括理论知识、技能和业绩三部分。其中理论知识考核由学校导师组织，成绩占 30%，企业导师组织双导师进行技能和业绩考核，技能考核成绩占 30%，业绩考核成绩占 40%。

3. 教材编写建议

以企业岗位能力要求和职业资格标准为指导，根据岗位能力必须具备的知识和技能，确定课程目标及教学内容，编写既能满足学员学习需求又符合实施项目化教学要求的校本教材。

编写教材参考：《美容师》（中级）职业技能鉴定教材，中国劳动社会保障出版社，2006 年。《美容师》（高级）职业技能鉴定教材，中国劳动社会保障出版社，2006 年。《面部护理》操作视频、美容实操考核试题库、自制教学课件。

4. 教学建议

课程教学采用集中授课、企业培训、任务训练、岗位培养形式，突出学生岗位技能和职业素质的培养。集中授课教师以讲解理论和针对实践中的问题进行答疑，学生讨论等形式为主；企业培训以企业导师培训实践操作的示范和讲解为主；任务训练和岗位培训则是学生在企业导师指导下在美容师岗位工作中完成。在整个教学过程中，必须对学生的实践活动进行理论指导，以加强对美容护理工作流程各环节的理解，在岗位培养中要加强职业素养的养成教育。

5. 课程资源开发与利用

选用教材：张丽宏. 美容实用技术. 北京：人民卫生出版社，2010.

参考教材：郑璐，等. 美容实用技能. 北京：中国劳动社会保障出版社，2006.

乔国华. 现代美容实用技术. 北京：高等教育出版社，2005.

李玉. 美容师（中级）. 北京：中国劳动社会保障出版社，2006.

张晓梅. 美容师（高级）. 北京：中国劳动社会保障出版社，2006.

现代学徒制医疗美容技术专业 "专业身体护理" 课程标准

一、课程基本信息

课程名称	专业身体护理	课程编码	2253535			
课程类别	岗位技术能力	学制	两年			
建议总学时	95	集中授课学时	9	企业培训学时	36	任务训练学时	10	在岗培养学时	40
课程承担单位	清远职业技术学院	适用专业	医疗美容技术			
合作单位	广东伊丽莎白美容学校	制定人员	吴琼、杜鹃			
制定日期	2013 年 9 月	审核日期	2013 年 9 月			

二、课程定位

1. 课程对应的岗位及其任务

本课程对应的岗位是美容专业技术岗位，课程内容包括肩颈护理、背部护理、腹部护理、胸部护理、芳香 SPA 等专业身体护理疗程设计、产品选择、护理流程操作规范等基本知识，十二经脉在体表的分布及循行线路，身体各部位常用穴位名称、定位、归经，身体按摩操作技巧及常用仪器的应用。重点让学生在专业身体护理保健项目中能够正确运用经络的基础理论知识、芳香精油的基础知识，并根据顾客美容需求和皮肤问题设计护理方案，能够熟练运用美容养生保健技术，实施身体护理项目操作。

2. 课程性质

属于职业技术能力课程模块。

3. 课程地位

本课程涵盖的知识与技能，是美容师、美容顾问等专业技术岗位工作任务中必不可少的专业技术素质，也是国家美容师职业资格考试（高级）的主要内容之一。课程内容与经络美容、专业面部护理、中医体质辨识与养生等岗位技术能力课程密切相关。课程具有综合性、实践性强的特点，是医疗美容专业的核心课程及特色课程。

三、课程设计思路

以美容专业技术岗位的实际工作过程为导向,身体护理任务要求为指导,确定课程目标。根据典型工作任务设置课程内容(如肩颈护理、背部护理等),并与国家高级美容师和芳香保健师职业资格标准要求衔接,将芳香精油基础知识的应用及身体护理项目整个工作过程贯穿于课程教学过程,以完成具体的工作任务为目的,通过工学交替实现课程内容与实际工作任务的对接,突出学生岗位能力的培养。根据工作任务能力要求,以身体护理项目为载体设计学习任务,组织教学,整个过程是教师引导、指导、帮助学生完成项目任务的过程。

举例:肩颈减压护理

功效:身体舒解压力消除肩颈僵硬,提神醒脑,消除肌肉酸痛;分解肌肉中堆积的乳酸,防止筋膜粘连,排水去淤,消除体内毒素,帮助睡眠,改善颈椎问题、肩周炎、风湿痛。

沙龙流程:迎宾茶(护理前后)花茶—点香薰灯放轻音乐—热敷(肩颈)—三线刮痧—肩颈按摩—负压拔罐调理。

家居 DIY 护理建议:舒缓减压复方精油 3~4 滴涂肩部搓热吸收。(男女适用)

四、课程目标

(一)总体目标

通过工作过程导向,任务驱动的项目活动,形式多样的教学方法和教学手段,融知识传授、能力培养和素质教育于一体,使学生具备芳香 SPA 高级技术能力。

能正确运用芳香精油知识解决专业身体护理的实际问题。

能熟练运用身体护理按摩手法及常用穴位进行专业身体护理项目操作。

能够根据身体各部位专业护理目的调配精油。

能够编制个性化身体护理方案。

(二)具体目标

1. 能力目标

(1)能够运用芳香精油的基础知识指导身体护理实践。

(2)能够根据身体不同部位和护理目的选择和调配精油。

(3)能够运用按摩常用手法实施肩颈部、背部、腹部等身体护理流程操作。

(4)能够按照体表十二经脉循行线路实施经络舒缓操作。

(5)具有运用经络养生知识指导身体护理实践的能力。

2. 知识目标

(1)掌握经络养生原理,熟悉十二经脉在体表的循行线路。

(2) 掌握身体护理常用穴位的功效、定位。
(3) 了解芳香疗法的功效、精油的基础知识。
(4) 掌握身体各部位护理流程规范。
(5) 掌握身体按摩的功效、注意事项及操作技巧。

3. 素质目标

(1) 具有良好的服务意识,良好的职业形象和职业素质。
(2) 具有健康的体魄和团队合作精神。
(3) 有良好的人际沟通能力和信息处理能力。

五、课程内容和要求

1. 集中授课内容

案例名称	学习目标	主要内容	参考学时
芳香精油的应用	1. 能够用简单方法鉴别精油的品质。 2. 能够运用精油的四种使用方法实施芳香美容。 3. 能够根据不同性质的皮肤和身体调护部位选择适用的精油并清晰地向顾客说明精油的功效、疗程护理注意事项。 4. 根据精油调配原则、应用目的进行调配	1. 芳香精油的特性、分类。 2. 常用芳香精油的作用原理与功效,芳香美容的实施方法和注意事项。 3. 鉴别精油的一般方法。 4. 精油的调配原则、调配注意事项。 5. 不同性质皮肤适用的精油及配方,身体常用精油的配方	4
经络腧穴的应用	1. 能够运用经络知识指导身体护理操作。 2. 能够按照体表十二经脉循行线路实施身体减压护理操作。 3. 熟练掌握拨筋术	1. 经络的基本概念、经络系统的组成。 2. 经络系统的分布规律及走行、主要腧穴的定位及作用。 3. 痛点征象分析所属脏腑病症	5

2. 企业培训

案例名称	学习目标	主要内容	参考学时
美体塑身	1. 能够运用精油等丰胸产品进行健胸护理流程操作。 2. 能够正确判断肥胖度,分析导致肥胖的原因,为顾客制订安全有效的减肥计划。 3. 熟练运用按摩手法并配合仪器实施腹部、腿部减肥流程操作	1. 乳房的类型和健美标准,健胸精油配方。 2. 肥胖的含义、分类及对健康的危害。 3. 肥胖计算方法、判断标准、减肥的原则及方法。 4. 肥胖症的膳食	9

续上表

案例名称	学习目标	主要内容	参考学时
卵巢保养	1. 能够正确解释卵巢的功能,说明卵巢保养的好处及注意事项。 2. 为顾客制订卵巢保养方案。 3. 能够熟练运用卵巢保养按摩手法,并配合产品为顾客实施卵巢保养	1. 卵巢功能的影响因素,卵巢保养的方法。 2. 卵巢保养护理程序、卵巢保养适应证及注意事项。 3. 操作流程沟通话术	9
肾部保养	1. 能够调配肾保养的复方精油。 2. 能够清晰地向顾客说明肾保养的功效,注意事项,为顾客提出食疗建议。 3. 熟练运用肾保养手法实施肾保养养护	1. 从中医的角度认识肾在人体中的重要作用,了解肾功能降低对人造成的影响。 2. 肾保养的作用原理、适应证及注意事项。 3. 肾保养常用穴位。掌握肾保养操作程序。 4. 操作流程沟通话术	9
全身淋巴引流排毒	1. 能够选择合适的精油对身体不同部位实施淋巴引流排毒按摩。 2. 能够熟练运用淋巴引流按摩手法实施全身淋巴引流排毒流程操作	1. 淋巴循环途径、淋巴引流按摩原理及作用,淋巴引流按摩的原则及禁忌。 2. 淋巴引流的操作程序。 3. 操作流程沟通话术	9

3. 任务训练内容

任务名称	训练目标	任务内容	参考学时
全身淋巴引流排毒	1. 能够选择合适的精油对身体不同部位实施淋巴引流排毒按摩。 2. 能够熟练运用淋巴引流按摩手法实施全身淋巴引流排毒流程操作	1. 淋巴引流按摩常用手法及操作技巧。 2. 淋巴引流按摩流程操作及沟通。 3. 全身淋巴引流精油调配	5
美体塑身	1. 能够运用精油等丰胸产品进行健胸护理流程操作。 2. 能够正确判断肥胖度,分析导致肥胖的原因,为顾客制订安全有效的减肥计划。 3. 熟练运用按摩手法并配合仪器实施腹部、腿部减肥流程操作	1. 乳腺保养精,健胸精油调配及流程操作。 2. 腹部减肥操作手法练习。 3. 肥胖度计算	5

4. 在岗培养课程内容

岗位名称	培养目标	岗位工作任务	参考学时
精油的调配	1. 根据不同需求调配精油。 2. 用闻香法进行常用精油的鉴别。 3. 能够正确使用和调配精油。 4. 根据不同性质皮肤及护理目的选择适用的精油及配方	1. 根据身体不同部位选择适用的精油并清晰地向顾客说明精油的功效，疗程护理注意事项。 2. 根据精油调配原则及应用目的进行调配	4
腿部护理	熟练进行腿部经络拨筋、推油护理	1. 腿部拨筋、推油护理流程操作。 2. 沟通护理目的	4
肩颈护理	熟练进行肩颈经络疏通减压护理	肩颈经络疏通减压护理服务流程操作	4
减肥	1. 根据肥胖度判断及肥胖成因分析，选择适合的减肥方法。 2. 配合仪器进行腹部减肥操作	1. 正确判断肥胖度，分析导致肥胖的原因，为顾客制订安全有效的减肥计划。 2. 熟练运用按摩手法并配合仪器实施腹部、腿部减肥流程操作	5
乳腺保养	选择乳腺保养精油并进行调配	能够运用精油等丰胸产品进行健胸护理流程操作	4
子宫卵巢保养	选择子宫卵巢保养精油并进行调配，实施流程操作	1. 向顾客解释卵巢的功能、说明卵巢保养的好处及注意事项。 2. 为顾客制订卵巢保养方案。 3. 能够熟练运用卵巢保养按摩手法并配合产品为顾客实施卵巢保养	4
背部推油护理	熟练进行背部经络疏通及推油护理流程操作	1. 背部推油护理服务流程操作。 2. 背部护理沟通话术	4

续上表

岗位名称	培养目标	岗位工作任务	参考学时
肾部保养	1. 能够从中医的角度认识肾在人体中的重要作用，肾功能降低对人造成的影响。 2. 能够清晰了解肾保养的作用原理、适应证及禁忌证，肾保养常用穴位。 3. 能够调配肾保养的复方精油，清晰地向顾客说明肾保养的功效，注意事项，为顾客提出食疗建议	1. 向顾客解释中医角度对肾的认识，肾在人体中的重要作用，肾功能降低对人造成的影响。 2. 熟练运用肾保养手法实施肾保养护理	5
全身淋巴引流排毒	1. 能够选择合适的精油对身体不同部位实施淋巴引流排毒按摩。 2. 能够熟练运用淋巴引流按摩手法实施全身淋巴引流排毒流程操作	全身淋巴引流服务流程操作	6

六、实施要求及建议

1. 师资要求

教师应熟悉岗位工作流程，了解专业身体护理规范及任务要求，熟悉全身各部位专业护理流程操作及相关专业知识，熟悉课程相关专业理论知识的讲授，能独立完成所有项目流程及操作技能示范，熟悉与课程内容有关的岗位工作任务能力要求。

2. 考核要求

课程考核包括知识考核和技能考核两部分，前者以笔试、面试方式进行，后者以任务考核和业绩考核方式进行（包括单项考核和综合考核）。

课程总评成绩包括理论知识、技能和业绩三部分。其中理论知识考核由学校导师组织，成绩占30%，企业导师组织双导师进行技能和业绩考核，技能考核成绩占30%，业绩考核成绩占40%。

3. 教材编写建议

以企业岗位能力要求和职业资格标准为指导，根据岗位能力必须具备的知识和技能，确定课程目标及教学内容，编写既能满足学员学习需求又符合实施项目化教学要求的校本教材。

编写教材参考：《美容师（中级）》职业技能鉴定教材，中国劳动社会保障出版社，2006年。《美容师（高级）》职业技能鉴定教材，中国劳动社会保障出版社，2006年。

《面部护理》操作视频、美容实操考核试题库、自制教学课件。

4. 教学建议

课程教学采用集中授课、企业培训、任务训练、岗位培养形式，突出学生岗位技能和职业素质的培养。集中授课教师以讲解理论和针对实践中的问题进行答疑，学生讨论等形式为主；企业培训以企业导师培训实践操作的示范和讲解为主；任务训练和岗位培训则是学生在企业导师指导下在美容师岗位工作中完成。在整个教学过程中，必须对学生的实践活动进行理论指导，以加强对美容护理工作流程各环节的理解，在岗位培养中要加强职业素养的养成教育。

5. 课程资源开发与利用

选用教材：张丽宏. 美容实用技术技术. 北京：人民卫生出版社，2010.

参考教材：郑璐，等. 美容实用技能. 北京：中国劳动社会保障出版社，2006.

乔国华. 现代美容实用技术，北京：高等教育出版社，2005.

李玉. 美容师（中级）. 北京：中国劳动社会保障出版社，2006.

张晓梅. 美容师（高级）. 北京：中国劳动社会保障出版社，2006.

现代学徒制医疗美容技术专业教学进程

年级：2012　　　　　　　　　　　　　　　　编制时间：2012 年 8 月 18 日

教学进度安排		序号	课程名称	总学时	理论讲授学时	企业培训学时	任务训练学时	岗位实践学时	学分	考核方式
2012 年	9月至12月	1	思想道德修养与法律基础——廉洁修身教育专题	49	9	0	30	10	2.5	③
		2	美容医学基础	76	36	0	10	30	4	①②
		3	美容消毒卫生	58	18	0	20	20	3	①②③
		4	化妆品基础知识	94	18	36	0	40	5	①②③④
		5	客情维护	78	0	18	20	40	4	②③④
		6	服务礼仪	49	0	9	0	40	2.5	①②③
			小　计	404	81	63	80	180	21	
2013 年	1月至6月	7	形势与政策	29	9	0	20	0	1.5	③
		8	常用办公软件	49	9	0	20	20	2.5	②③
		9	中医养生美容	132	36	36	20	40	7	①②③④
		10	客情维护	78	0	18	20	40	4	③④
		11	企业管理	68	0	18	10	40	3.5	②③
		12	成功案例分析	58	0	18	0	40	3	②③④
			小　计	414	54	90	90	180	21.5	
2013 年	7月至12月	13	毛泽东思想和中国特色社会主义理论体系概论	8	0	0	8	0	0.5	③
		14	经络美容	134	18	36	40	40	7	①②③④
		15	美容营养	96	36	0	40	20	5	①②③
		16	企业文化	78	0	18	20	40	4	②③
		17	服务流程管理	94	18	36	0	40	5	①②③④
			小　计	410	72	90	108	140	21.5	

续上表

教学进度安排		序号	课程名称	总学时	理论讲授学时	企业培训学时	任务训练学时	岗位实践学时	学分	考核方式
2014年	1月至6月	18	应用写作	29	9	0	20	0	1.5	①②
		19	职业英语	58	18	0	20	20	3	②③
		20	芳香疗法	96	18	18	20	40	5	①②③④
		21	美颜护理	95	9	36	10	40	5	①②③④
		22	美体护理	95	9	36	10	40	5	①②③④
		23	管理实践能力	78	0	18	0	60	4	①②④
		24	企业战略管理	58	0	18	0	40	3	①②③
		25	毕业设计	40	0	0	0	40	2	①
小 计				549	63	126	80	280	28.5	
合 计				1 777	270	369	358	780	92.5	

说明：

1. 考核方式：①笔试，②面试，③任务考核，④业绩考核。

2. 学分计算：理论（讲授、培训）18学时为1个学分；实践教学（任务训练、岗位实践）以周为单位计算，每1周（折合20学时）为1个学分。

现代学徒制医疗美容技术专业企业导师个人基本信息表

伊丽莎白企业讲师（师傅）简介

姓名	王××	入职时间	2002 年
代表课程	越努力越幸运	授课风格	激情、感染力强

成长历程：

1. 毕业于湖南医学护理专业
2. 从事美容行业 20 多年
3. 追随伊丽莎白 13 年，从美容师晋升至总经理

个人荣誉：

1. 北京大学美容 MBA
2. 北京大学 EMBA
3. 伊丽莎白 13 年功臣
4. 中国美容行业领军人物

姓名	林××	入职时间	2003 年 12 月 9 日
代表课程	顾问式销售及沟通技巧、巅峰制胜销售技巧	授课风格	激情、幽默、极富感染力

成长历程：

1. 2008 年 1 月 1 日任高级经理
2. 2010 年 1 月 1 日任实习区域总监
3. 2010 年 8 月 1 日至今任区域总监

个人荣誉：

1. 飞度大奖
2. 日本、韩国、泰国、瑞士等国外旅游大奖
3. 国内无数次如三亚、阳朔等旅游大奖
4. 奔驰车主荣誉大奖

姓名	夏××	入职时间	2004年11月1日
代表课程	专业、素养、有效沟通	授课风格	风趣、实在、通俗易通

成长历程：

1. 2004年11月顾问
2. 2005年3月店负责人
3. 2005年6月区域助理总监
4. 2006年1月至今任区域总监

个人荣誉：

1. 荣获伊丽莎白"优秀讲师"称号
2. 2005年至2006年荣获两次飞度大奖
3. 日本、韩国、泰国、瑞士等国外旅游大奖
4. 国内无数次如三亚、阳朔等旅游大奖
5. 奔驰车主荣誉大奖

姓名	凌××	入职时间	2005年6月24日
代表课程	销售、销售打底、服务观	授课风格	风趣、实在、通俗易通

成长历程：

1. 2005年9月晋升为全能美容师
2. 2007年1月晋升顾问
3. 2007年10月1日任实习店长
4. 2009年3月1日任经理
5. 2011年12月1日至今任技术总监

个人荣誉：

1. 荣获伊丽莎白"嘉贞式销售"讲师称号
2. 荣获3次飞度大奖
3. 获泰国、韩国等国外旅游奖励
4. 国内无数次如三亚、阳朔等旅游奖励

姓名	陈×	入职时间	2007年9月12日
代表课程	狼性营销——至尊大客户、全方位设计综合卡、如何做一名优秀的领导人、突破自我			

授课风格：

丰富的实战经验、自然亲切、极富感染力

成长历程：

1. 2008年1月1日任正式店长
2. 2008年3月31日任实习经理
3. 2009年2月1日任高级经理
4. 2010年8月1日至今任技术总监

个人荣誉：

1. 2009年曾荣获总裁嘉奖
2. 2010年突破单笔业绩138PV
3. 2011年突破单笔业绩80PV
4. 2011年连续获得区域第一名奖励

姓名	罗××	入职时间	2003年3月1日
代表课程	销售、销售打底、新客成交	授课风格	简单、实在、通俗易通

成长历程：

1. 2003年3月1日任美容师
2. 2004年1月1日任店长
3. 2009年9月21日任实习高级经理，主管三水店，分管南海广场店
4. 2011年1月1日任东莞区区域总监
5. 2013年3月1日至今任技术总监

个人荣誉：

1. 荣获3次飞度大奖
2. 泰国、日本等国外旅游大奖
3. 国内无数次如北京、丽江、三亚、阳朔等旅游大奖
4. 金牌经理
5. 销售冠军
6. MBA职业经理人

姓名	谭××	入职时间	2006年7月19日
代表课程	销售六部曲、养生、纤体、咨询话术	授课风格	活泼、互动、深入浅出的讲解风格

成长历程:

1. 2006年7月19日入职学习顾问
2. 2006年12月1日晋升正式顾问
3. 2007年5月1日晋升副店长
4. 2007年10月1日晋升正式店长
5. 2008年11月1日晋升正式经理
6. 2013年1月1日至今任技术总监兼勒流店负责人

个人荣誉:

1. 2006年精英顾问
2. 2007年飞度奖
3. 公司奖励北京游、丽江游、海南游、香港游、韩国游
4. 金牌经理

姓名	谢××	入职时间	2004年9月1日
代表课程	养生、销售模式	授课风格	激情、感染力强

成长历程:

1. 2010年4月1日任正式店长
2. 2010年8月1日任实习经理
3. 2011年2月1日任经理
4. 2011年9月1日至今任技术总监

个人荣誉:

1. 荣获飞度大奖
2. 泰国、韩国等国外旅游大奖
3. 国内无数次如三亚、阳朔等旅游大奖

姓名	熊×	入职时间	2008年3月17日
代表课程	销售模式、顾客管理	授课风格	轻松、互动较强

成长历程：

1. 2008年6月1日任实习顾问
2. 2008年12月1日任正式顾问
3. 2010年10月1日任店长
4. 2011年5月1日任正式经理
5. 2012年1月1日至今任技术总监

个人荣誉：

1. 在卫国店任职10月，每月都达标
2. 带领佛宾店的时候每月都超百万，曾多次获得分店的达标率冠军
3. 任职技总期间带领的3家分店每月都达标

姓名	赵××	入职时间	2004年
代表课程	如何让客户保持活跃到店	授课风格	幽默风趣、激情有感染力

成长历程：

1. 2004年入职任实习顾问
2. 2006年9月1日任正式经理
3. 2010年11月1日任高级经理
4. 2011年1月1日至今任技术总监

个人荣誉：

曾因优秀表现获得泰国、韩国等国外旅游奖励

姓名	吕××	入职时间	2003年9月17日
代表课程	销售模式、顾客管理	授课风格	轻松、互动较强

成长历程：

1. 2003年9月18日任实习顾问
2. 2004年9月18日任正式顾问
3. 2008年10月1日任店长
4. 2011年5月1日任正式经理
5. 2012年1月1日至今任独立经理

个人荣誉：

1. 2005年荣获首届伊丽莎白飞度大奖冠军
2. 2009年荣获全公司飞跃大奖前5名店负责人
3. 2011年荣获十佳优秀金牌店长
4. 2012年荣获全公司业绩超标第三名，全年带领团队月月超高标，连续3月超百万里程
5. 2009—2013年荣获公司国外旅游大奖
6. 2013年荣获公司首届独立店"金牌经理"称号

姓名	代××	入职时间	2012 年 10 月 17 日
代表课程	经络、女性三宝、五行相生与相克、面部风水学	授课风格	激情、幽默、极富感染力

成长历程：
1. 2005—2011 年任店经理
2. 2012 年至今任驻店专家及店负责人

个人荣誉：
从事美容行业 8 年

姓名	刘××	入职时间	2005 年 11 月 25 日
代表课程	养生类	授课风格	生活化、实用

成长历程：
1. 2010 年 5 月 1 日任私人顾问
2. 2011 年 12 月 1 日任店长
3. 2012 年 11 月 1 日至今任经理

个人荣誉：
1. 第一张 598PV 的伊丽莎白大单
2. 荣获两次飞度大奖
3. 泰国、韩国等国外旅游大奖
4. 国内无数次如三亚、阳朔等旅游大奖

姓名	王××	入职时间	2011 年 2 月 24 日
代表课程	如何设计综合卡、心态决定状态	授课风格	开心、结合工作中的案例

成长历程：
1. 2010 年任美容师
2. 2011 年 2 月晋升顾问
3. 2012 年 4 月至今任店负责人

个人荣誉：
1. 连续带领团队超标
2. 姚总邀请参加 9 号亮目宴会
3. 2012 年拿到年终奖励，全年到店业绩超标完成
4. 公司最年轻的 90 后店负责人

姓名	阳×	入职时间	2009年6月11日
代表课程	胸部理论及销售技巧	授课风格	简单易懂，让大家开心学习

成长历程：
1. 2009年12月1日正式顾问
2. 2012年5月1日至今任店长

个人荣誉：
1. 2009年被评为公司最优秀顾问
2. 2010年获得公司飞度奖
3. 2011年店长演讲PK获得第一名

姓名	曾××	入职时间	2009年9月14
代表课程	面部诊断五部曲、美胸专家、色彩与形象、赢在服务、伊丽莎白五标	授课风格	实战经验丰富，专业、风趣

成长历程：
1. 毕业于湖南广播电视大学附属护理专业
2. 从事16年美容工作，经验丰富
3. 伊丽莎白培训部督导主管、资深讲师
4. 曾任佛山医学会美容职业学校负责人
5. 日本CBC美容连锁机构营运总监
6. 蓝安琪美容师连锁机构区域经理
7. 英国CMB色彩形象顾问

个人荣誉：
曾多次获得优秀行政精英、优秀讲师奖励

姓名	钟××	入职时间	2012 年 10 月 22 日
代表课程	面部理论及销售技巧	授课风格	简单易懂

成长历程：
1. 从事美容行业 8 年
2. 2012 年 10 月任顾问
3. 2013 年至今任店负责人

个人荣誉：
2009 年在上海进修皮肤生理学

姓名	刘××	入职时间	2003 年
代表课程	如何提高客户的黏性	授课风格	通俗易懂

成长历程：
至今任店负责人

个人荣誉：
1. 多次获得公司国内、国外旅游大奖
2. 到北京大学学习绩效教练课程、心灵领导力课程

姓名	王××	入职时间	2012 年
代表课程	面部风水	授课风格	幽默风趣

成长历程：
1. 2004—2008 年，于现美美容职业学校任教
2. 2008—2012 年，奈瑞儿任店长
3. 2012 年 12 月 1 日，加入伊丽莎白任私人顾问
4. 2013 年 1 月至今任储备店长

个人荣誉：
2013 年荣获"飞度汽车"奖

现代学徒制医疗美容技术专业学校导师个人信息表

医疗美容技术专业 2012 级现代学徒制学校导师个人基本信息表

序号	姓名	性别	出生年月	学历/职称	工作单位	工作岗位	职务/职称	备注
1	吴琼	女	1962－03	本科	清远职业技术学院	教师	职务/高讲	
2	王家龙	男	1963－10	本科	清远职业技术学院	教师	讲师	
3	徐祖明	男	1956－04	硕士	清远职业技术学院	科研处	教授	
4	冯小军	女	1972－07	硕士	清远职业技术学院	高职研究所	副所长/副教授	
5	黄雪群	女	1977－04	本　科	清远职业技术学院	教师	讲师	
6	杜鹃	女	1982－08	博士	清远职业技术学院	教师	讲师	

填表说明：

1. 1966 年 12 月出生，在"出生年月"框填写的格式为"1966－12"。
2. "学历/职称"框如果没有职称可不填写。
3. 使用合作企业简称命名现代学徒制班。

现代学徒制医疗美容技术专业学徒个人基本信息表

清远职业技术学院医疗美容技术专业 2012 级现代学徒制班学徒个人基本信息表

准考证号	姓名	性别	民族	工作单位	工作岗位	职务	备注
12440604019009	陈文秀	女	汉族	广东伊丽莎白美容健身有限公司	技术服务	美容师	
12440604019028	邓淑敏	女	汉族	广东伊丽莎白美容健身有限公司	技术服务	美容师	
12440604019029	傅润红	女	汉族	广东伊丽莎白美容健身有限公司	销售管理	人力资源总监	
12440604019025	郭钟英	女	汉族	广东伊丽莎白美容健身有限公司	技术培训	培训老师	
12440604019018	何卫勤	女	汉族	广东伊丽莎白美容健身有限公司	技术服务	培训学校老师	
12440604019010	梁淑花	女	汉族	广东伊丽莎白美容健身有限公司	技术服务	店长	
12440604019023	廖美玲	女	汉族	广东伊丽莎白美容健身有限公司	技术培训	培训经理	
12440604019032	刘琼莲	女	汉族	广东伊丽莎白美容健身有限公司	技术服务	店长	
12440604019006	聂杰樱	女	汉族	广东伊丽莎白美容健身有限公司	技术服务	美容师	
12440604019013	盘华叶	女	汉族	广东伊丽莎白美容健身有限公司	技术服务	美容师	
12440604019012	彭少玲	女	汉族	广东伊丽莎白美容健身有限公司	技术服务	美容顾问	
12440604019019	谭颖贤	女	汉族	广东伊丽莎白美容健身有限公司	技术培训	培训学校老师	
12440604019024	温小红	女	回族	广东伊丽莎白美容健身有限公司	技术服务	培训学校老师	
12440604019008	伍冰	女	汉族	广东伊丽莎白美容健身有限公司	技术服务	技术顾问	
12440604019015	祝惠英	女	汉族	广东伊丽莎白美容健身有限公司	技术培训	培训学校老师	

案 例 篇

现代学徒制医疗美容技术专业

学徒成长记录

姓　　名：_____

学　　号：_____

填 写 说 明

1. 所有内容一律用黑色签字笔填写，字迹要清楚。

2. 理论学习包括课内教学、企业内训、外出进修等以提升专业理论知识为目的的学习；技术培训包括以技术技能训练为目的的培训；岗位实践每月记录一次，须有所在部门负责人签字。

3. 拓展与交流记录学员在企业接受的能力拓展训练或交流分享成功的经验。

4. 每次学习或培训结束须由授课教师本人签名，不得代签。

基本信息

照片	姓　名		出生年月	
	年　龄		婚姻状况	
	籍　贯		职业资格	
电子邮箱			电话	
工作部门			岗位	
身份证号			职务	
家庭住址				
学习、工作经历				

理 论 学 习

起止时间：　　　　　　　　　　授课教师：

学习内容：

考核评价：

___

起止时间：　　　　　　　　　　授课教师：

学习内容：

考核评价：

技术培训

起止时间：					授课教师：

学习内容：

考核评价：

起止时间：					培训教师：

培训项目：

考核评价：

岗 位 实 践

时间（月）：　　　　　　　　　　　业绩：_____

服务：_____人　　　　　　　预约：_____人

拓新客：_____人

部门负责人：

_____

时间（月）：　　　　　　　　　　　业绩：_____

服务：_____人　　　　　　　预约：_____人

拓新客：_____人

部门负责人：

拓展与交流

时间：　　　　　　　　　　参加人数：

内容：

满意度：　　　　　　　　　负责人：

时间：　　　　　　　　　　参加人数：

内容：

满意度：　　　　　　　　　负责人：

综合评价

评价内容	评价等级			
	差	一般	较好	好
职业道德				
学习态度				
工作态度				
人际关系				
沟通能力				
协作能力				
创新意识				
心理素质				
专业能力				
服务意识				
客情关系				
考 勤	全勤（　　）、病假（　　）天、事假（　　）天、旷工（　　）天、迟到（　　）次			

指导老师：　　　　　　　　公司盖章：

现代学徒制医疗美容技术专业美容消毒卫生任务考核评价表

美容师个人卫生（任务1）

班　　级：_____　　姓　　名：_____　　学　　号：_____
考核时间：_____　　考核教师：_____　　得　　分：_____

序号	考核内容	考核要点	配分	评分标准	扣分	得分
1	洗手	1. 做护理前用流动水洗手。使用肥皂或洗手液仔细将指尖、手指、指缝、手背至手腕上部15厘米以内都洗干净。 2. 洗完手后不触摸自己的脸部及头发，如果必须这样做，应该在再次接触顾客或再次使用美容工具之前重新洗手	20	1. 没有洗手此项分全部扣除。 2. 没有按要求将手洗干净扣10分。 3. 洗手部位有遗漏酌情扣分		
2	手部消毒	1. 洗手之后，选用70%（75%）酒精或0.2%过氧乙酸溶液消毒手部。 2. 操作中途接触过其他物品，如仪器、护肤品盒、瓶、面盆等等，也要先消毒再行操作，每次做完护理后要彻底清洁，以免交叉感染	20	1. 没有按要求选用消毒溶液扣5分。 2. 消毒方法不正确扣5分。 3. 没有消毒全部扣除此项分		
3	准备卫生口罩	1. 为顾客做护理时，戴符合规格的口罩。 2. 口罩应随时保持整洁、卫生	15	戴口罩不正确扣5分，不戴不得分		
4	服装卫生清洁	1. 工作时要身着工作服。美容师的工作服要舒适、合体、美观、大方，适合美容服务工作的需要。 2. 工作服要经常清洗并消毒	10	工作服不卫生扣5分，不穿工作服扣除此项分		

续上表

序号	考核内容	考核要点	配分	评分标准	扣分	得分
5	面部卫生清洁	1. 美容师面部皮肤要洁净，如果皮肤颜色不好，可以淡施粉底，切不可浓妆艳抹。 2. 平日注意皮肤的清洁和养护，如有皮屑和粉刺等要及时清除	10	面部不清洁/浓妆艳抹扣除此项分；不化妆/施粉不均酌情扣3~5分		
6	头发卫生清洁	1. 要经常洗发，保持清洁。 2. 头发不要粘腻，带有头皮屑。 3. 留长发者，工作时要束发	10	留长发工作时不束发扣5~10分；头发不清洁扣3~5分		
7	口腔卫生清洁	1. 口气清洁、无异味。如有口腔疾病要及时治病，胃肠功能不好、气味污浊的，要进行调理。 2. 工作前不吃葱、蒜、韭菜等异味食品。饭后要漱口。不吸烟、不喝酒，工作中不嚼口香糖	15	口腔有异味扣3~5分，工作前吃异味食品扣5~10分		

否定项：身体有异味，衣着不整，头发蓬乱。

美容护理用物、用品卫生（任务2）

班　　级：_____　　姓　　名：_____　　学　　号：_____
考核时间：_____　　考核教师：_____　　得　　分：_____

序号	考核内容	考核要点	配分	评分标准	扣分	得分
1	物品准备	1. 推车物品准备：一次性棉片、棉签、75%酒精、面部产品、已消毒（面膜扫、眉钳、刮眉刀、眉剪、暗疮针统一放在盒子里）面盆、纸巾、镜子、PE膜、排插。 2. 床上物品准备：一次性纸内裤、浴帽、床罩、消毒干净大小毛巾、消毒浴袍	20	物品准备不齐扣3~5分，准备用品不符合卫生消毒要求扣10分		
2	物品使用中	1. 更换已经消毒过的拖鞋。 2. 沐浴。 3. 戴口罩。 4. 包头。 5. 消毒双手。 6. 面部洁肤。 7. 洗手。 8. 去角质。 9. 针清、修眉（用镊子夹出至弯盘）。使用前用酒精消毒，使用完用酒精消毒。 10. 面部按摩。 11. 洗手。 12. 敷膜。 13. 换水卸膜。 14. 洗手。 15. 护肤	50	没有按照要求洗手扣5分，使用物品过程不注意卫生操作，直接用手取用物品扣5~10分，整个物品使用过程无卫生消毒概念，扣除此项分		

续上表

序号	考核内容	考核要点	配分	评分标准	扣分	得分
3	使用后处理	1. 用水冲洗干净后，用酒精消毒（面膜扫、眉钳、刮眉刀、眉剪、暗疮针统一用盒子装放在紫外线消毒）。 2. 毛巾清洗消毒。 3. 清理垃圾，更换干净袋子。 4. 更换一次性纸内裤、浴帽、床罩、消毒干净大小毛巾、消毒浴袍	30	物品使用后不整理扣 5 分，没有按要求将物品清洗、消毒扣 10~15 分。没清理垃圾扣 10 分。使用后不及时处理/更换用物用品扣除此项分		

否定项：（1）床上物品没有做到一人一换；（2）使用未消毒暗疮针针清。

美容工作环境卫生（任务3）

班　　级：_____　　姓　　名：_____　　学　　号：_____
考核时间：_____　　考核教师：_____　　得　　分：_____

序号	考核内容	考核要点	配分	评分标准	扣分	得分
1	前台	1. 银行POS机3台（外币、内部、公用）、验钞机1台、固定电话2台、内线1台，物品必须依序整齐排列，物品的边沿与前台桌边沿保持平行。 2. 笔筒1个（内装：6支签字笔，2支铅笔，1块橡皮擦，直尺1把），每支笔都必须完好且能正常书写。 3. 电脑键盘、电脑鼠标及垫、A4纸打印机1台、电脑显示器1台、读卡器1个、密码小键盘1个，台历等整齐排列电脑显示器旁边	10	摆放不符合要求、台面不清洁扣除此项分。 提示：直接放在前台台面的展示品或装饰品，不能超过3种（含产品宣传牌），整齐摆放在桌面两侧，且前台台面2/3的空间不摆放任何物品		
2	配料间	1. 墙壁除产品配料分量表外不得张贴任何形式的纸张或装饰品。 2. 所有电源线必须捆绑整齐。 3. 配料瓶/精油瓶使用后由操作美容师清洁干净后，直立放置在配料篮内，归还放置于仓库配料区操作台。 4. 按时对配料区做一次大整理及清洁（大清洁固定时间：每月第2个星期一早上8：30—10：30），清洁标准：仓库内所有物品不能出现明显灰尘/污垢、油渍（检查方法：用纸巾擦）。 5. 仓库任何区域内均不得存放任何私人物品（如衣服、鞋子、手提包等）及食品，不得存放与公司产品无关的私人物品（包括客人自带产品）。 6. 仓库物品须分类	30	物料存放零乱，有灰尘/污垢、油渍扣10分；存放禁存物品扣3~5分。没有进行大清洁，物品摆放不整齐，地面不洁扣除此项分		

续上表

序号	考核内容	考核要点	配分	评分标准	扣分	得分
3	更衣沐浴室	1. 随时检查，确保沐浴物品和浴缸物件干净、齐备、无损坏。（损坏及时报修） 2. 测量浴缸水温是否合适（使用量程为100℃的水银温度计测量，夏季30℃～40℃，冬季40℃～45℃），沐浴物品按标准整齐干净摆放。 3. 洗发水、沐浴露、洗手液按公司标准配置，卫浴区域的物品必须摆放整齐、干净，不能有破损或污渍。 4. 墙壁：只能挂置或张贴公司统一派发的装饰品或宣传广告，装饰品不能超2种（除公司统一标准要求以外）。 5. 卫浴区域无水渍、头发、脏污。 6. 地毡底不可有积水，须保持干爽	20	卫浴区域的物品摆放不整齐、有破损或污渍，扣除此分；沐浴物品摆放不符合要求扣3～5分。地面有积水、头发、脏污扣10分		
4	护理室	1. 必须检查房间保险柜、储物柜，以确保处于正常使用状态。 2. 定期进行打扫：毛巾、被子、床罩、枕头、地毯、地板等不能有头发、污垢、油渍、水迹等，需保持干净、卫生，床罩、毛巾须将线头修剪整理。 3. 如布草用品出现严重毛边即禁止提供给客人使用，并送干洗店送洗，毛巾出现毛边或烂的情况，分店按破烂程度用于员工练习或清洁时做抹布使用，并由分店人员负责清洗。 4. 房间内电话、电源开关等标示必须统一打印张贴，并保持整洁，不可手写随意张贴，灯光：根据客人喜好准备灯光亮度，灯光以柔和为主	40	不定期进行打扫：毛巾/被子/床罩/枕头/地毯/地板等有头发/污垢/油渍/水迹等，扣10～20分；床罩、毛巾有毛边仍给顾客使用扣5分；房间内的设备（电话、插座等）有尘埃扣5～10分；房间储物柜保洁没有整理，不能保持正常使用状态扣10分		

否定项：（1）室内有苍蝇、蟑螂、老鼠、蜘蛛网。
　　　　（2）卫生间有臭味、尿渍。
　　　　（3）使用过期产品。

现代学徒制医疗美容技术专业"专业面部护理"操作流程考核评价表

课　　程：_____　　姓　　名：_____　　学　　号：_____
考核时间：_____　　考核教师：_____　　得　　分：_____

序号	考核内容	考核要点	配分	评分标准	扣分	得分
1	接待顾客	1. 美容师仪容仪表（穿戴整齐）。 2. 礼貌待客，对顾客照顾周到细致。 3. 用普通话与顾客进行交流	6	有一项不符合要求将此分扣除		
2	准备工作	1. 物品准备：物品一次性准备齐全，取放得当。 2. 美容师准备：束发、戴口罩、穿工作衣、剪指甲。 3. 顾客准备：协助顾客更衣、物品安置	9	第二项不符合要求将此项分扣除；另外两项不符合要求，每项扣3分		
3	卫生消毒	1. 面部清洁前，美容师双手消毒。 2. 操作过程物品取用符合卫生要求。 3. 操作结束物品清洁符合卫生要求	5	有一项不符合要求将此分扣除		
4	面部按摩	1. 按摩点穴位置准确，手法正确。 2. 符合按摩基本原则，按摩顺着皮纹肌理进行，与皱纹垂直，从下至上、从里向外。 3. 按摩动作熟练，手指动作灵活、协调，动作衔接连贯服帖。 4. 按摩有节奏感和韵律感，整个按摩的程序连贯流畅。 5. 面部按摩控制在15~20分钟，点穴5~8个，按摩动作不少于10个	50	1. 按摩手法不正确或点穴不准确扣10分。 2. 按摩走向不符合按摩原则要求扣5分。 3. 按摩手法生硬、不连贯服帖扣10分。 4. 按摩没有节奏感、动作不熟练扣10分。 5. 按摩时间、点穴数量、按摩动作达不到要求每项扣10分，扣完为止		

续上表

序号	考核内容	考核要点	配分	评分标准	扣分	得分
5	流程	能按面部按摩规范程序进行操作，护理过程中各环节衔接顺畅	15	1. 按摩程序不规范扣除此分。 2. 按摩流程不熟悉扣5分。		
6	整理	物品整理归位并收拾干净利索，环境卫生良好	5	不符合要求扣除此分		
7	效果	带给顾客舒适、放松的感受；皮肤柔软、细腻，有微热感觉；按摩用力达深层，点穴有得气感	10	1. 按摩力度过大、手法不舒服引起顾客不满扣除此分。 2. 没有放松、舒服的感受扣5分		
8	紧急处理	在操作过程中如果出现过敏现象，或将护肤品流入顾客眼睛、鼻子、口中的情况		1. 不能及时采用正确的方法进行处理从总分中扣10分。 2. 不能有效地与顾客进行良好的沟通从总分中扣5分		

否定项：（1）操作程序严重错误，按摩力度过重造成被操作者不适。
（2）用品误入眼、口、鼻孔内。
（3）产品选择错误造成过敏等不良反应。

考核要求：1. 操作时严格遵守按摩原则。
2. 根据皮肤类型控制按摩时间，选择合适的按摩手法。
3. 按摩手法规范、到位、动作熟练。
4. 穴位按摩得法，取穴准确。
5. 操作过程与顾客进行有效沟通。

现代学徒制医疗美容技术专业"专业面部护理"课程综合考核评价表

课程名称：专业面部护理　　　　　　综合得分：_____
班　　级：_____　姓　名：_____　学　号：_____
理论考核时间：_____　考核教师：_____　得　分：_____
技能考核时间：_____　考核教师：_____　得　分：_____
业绩考核时间：_____　考核教师：_____　得　分：_____

职位类别（√）：管理岗位（　）／技术岗位（　）

考核要点：（略）

考核说明：
1. 理论知识部分由学校教师组织考核，考核形式为笔试、口试。
2. 技能部分由企业专业技术培训老师和学校老师共同考核。
3. 绩效部分与企业员工岗位职责考核结果对应。
4. 理论考核在集中学习结束后进行，技能考核与晋升考核对接，绩效考核与企业员工绩效考核项目及绩效达成率考核对接。

内　　容	考核要点	配分	扣分	得分
理论知识 （30%）	皮肤的基本结构、功能；影响皮肤吸收的因素	5		
	皮肤类型，不同类型皮肤特点及护理要点	4		
	色斑皮肤、痤疮皮肤等问题皮肤形成的原因、预防措施	10		
	常用美容仪器工作原理，使用注意事项	3		
	各类皮肤适用的护肤用品的分类、选择与使用	4		
	眼部问题形成的原因及护理要点	4		
技能 （30%）	具备独立出单的能力	10		
	具备为客人策划疗程的能力	5		
	了解公司产品、护理项目	2		
	了解公司疗程项目流程	3		
	对公司项目讲述清晰，能灵活运用	10		

续上表

内　　容	考核要点	配分	扣分	得分
绩效 （40%）	顾客分析售后跟进，对客户了解及关注	10		
	能与客户建立很好的客情关系	10		
	服务过程获得客户的信赖与喜爱	10		
	有建立客户档案管理	5		
	与店内人员相处融洽，获得团队认可与喜爱	5		

现代学徒制医疗美容技术专业毕业设计要求

根据医疗美容技术专业现代学徒制学员岗位情况，结合企业对其岗位任务要求，经双教师团队共同协商，就现代学徒制毕业设计撰写提出如下要求：

一、选题

结合岗位工作性质和实际工作选择确定选题范围，行政管理岗位主要从企业管理创新、如何提高管理质效方面，为企业发展提出建设性意见；服务一线岗位，主要从专业技术改进、提升服务质量等方面提出见解；培训岗位主要从员工培训与考核方面如何改进提出建议。总之，毕业设计强调从解决企业实际问题着手。

二、成果展示

论文或某一项目服务流程、操作程序的教学视频。

1. 论文要求

有标题、摘要（包括目的、方法、结果）、关键词、前言、正文（可分为研究背景、研究对象、研究方法、研究结果、讨论几个部分），最后附有参考文献，引文格式按照第一作者，第二作者，论文名称，期刊或书标号，杂志名称，发表时间，第几期，刊登页码。例如：乔明琦. 经前期综合征证候分布规律的流行病学调查研究［J］. 中国中医基础医学志，1997（3）：31. 论文内容可以是美容相关专业的调查报告、成功案例分析、新产品功效推广、失败案例教训总结等。论文具体要求如下：

题目：要求简明扼要，有概括性，通过标题概括说明毕业论文的主要内容。

摘要与关键词：

（1）摘要：摘要是毕业论文内容的简要陈述，是一篇具有独立性和完整性的短文。摘要应包括本论文的创造性成果及其理论与实际意义，并给予客观、具体、简要的描述。摘要中一般不使用公式、图表，不标注引用文献编号。避免将摘要写成目录式的内容介绍。

（2）关键词：关键词是供检索用的主题词条。关键词一般列3~5个。

论文打印要求：

（1）论文题目：用小二号黑体居中。

（2）"摘要"和"关键词"五个字用小四号黑体，前面不空格。

（3）摘要正文：用小四号宋体，行距1.5倍。

（4）关键词内容：用小四号宋体，关键词之间空一格。

2. 视频要求

可以选择以下操作项目中的任何一个：身体护理、胸部护理、面部护理、减肥、淋巴排毒，自己选择搭档作为顾客，要求面向对象为初次到店的新客。讲述要求：在不同项目的操作过程中，注重与顾客在不同操作阶段的沟通，要求能够快速发现顾客在各项目操作进行中存在的问题，并能及时准确地抓住顾客的心理需求，有侧重地进行产品介绍，措辞准确，专业术语到位。手法要求：服帖、有力、渗透，站姿标准，用力到位。具体要求如下：

（1）讲解清晰，用词准确、专业。

（2）流程规范，手法正确，熟练。

（3）视频清楚，文字表达简明。

三、完成时间

2014 年 5 月前定稿交指导老师。

（1）选题与资料搜集：2013 年 11 月。

（2）撰写提纲交指导老师修改：2014 年 2 月。

（3）成果初稿交指导老师：2014 年 4 月。

现代学徒制医疗美容技术专业岗位工作任务考核表

现代学徒制医疗美容技术专业纤体考核评估表

评估表说明：评分表分为5部分，共计100分

姓名：

总得分：

考核细节总分4.5分，每处0.5分	操作话术评估共2分，每处0.4分	背部操作评估共26.4分，每处1.2分	腿部操作评估共25.2分，每处1.2分	腹部操作评估共42分，每处1.4分	备注
得分	得分	得分	得分	得分	
□1. 产品是否滴到地上和毛巾上	□1. 纤体分析是否赞美顾客	□1. 上油是否整个手掌服帖	□1. 上油是否整个手掌服帖	□1. 顺时针上油是否整个手掌服帖	
□2. 操作物品是否操作前准备好，中途取物料临时取物料	□2. 纤体分析是否有问顾客需求	□2. 上油起点是否从肩部，终点在臀底线	□2. 上油起点是否从腘窝，终点在臀底线	□2. 上油边缘是否操作到位	
□3. 操作中毛巾是否整洁	□3. 是否分析脂肪情况	□3. 指推大板筋是否点从风池	□3. 指推腘窝起点是否与腘窝平齐	□3. 点穴位置是否准确	
□4. 上产品前是否戴口罩	□4. 疗程结束后是否做效果对比	□4. 指推大板筋是否到位	□4. 指推腿部每线是否密集推到位	□4. 点穴是否用指尖操作，是否服帖	
□5. 产品用后是否马上盖上	□5. 是否有讲解基本话术	□5. 指推膀胱经是否服帖	□5. 指推腿部是否整条服帖	□5. 点穴节奏速度是否太快	
□6. 操作过程中是否碰骨头		□6. 指推膀胱经是否到位	□6. 双手跪拳操作到位	□6. 点穴是否连贯	
□7. 操作过程中，没有操作部位是否盖上毛巾（胸部、肩部）		□7. 指推膀胱经是否点在风池	□7. 双手跪拳是否皮肤有温度	□7. 揉结肠位置是否到位	
		□8. 双手跪拳是否服帖	□8. 双手跪拳是否皮肤有温度	□8. 揉结肠掌根是否服帖	
		□9. 双手跪拳是否连贯	□9. 双手跪拳是否连贯	□9. 揉结肠是否操作连贯	
				□10. 菱形是否操作到位	

续上表

评估表说明：评分表分为5部分，共计100分

姓名	考核细节总分4.5分，每处0.5分	操作话术评估共2分，每处0.4分	胸部操作评估26.4分，每处1.2分	腿部操作评估25.2分，每处1.2分	腹部操作评估共42分，每处1.4分	备注
得分	得分	得分	得分	得分	得分	
	□8. 操作前是否有消毒双手		□10. 双手跪拳皮肤是否有温度	□10. 大搓是否整条腿操作到位	□11. 菱形是否用指头操作，是否服帖	
	□9. 操作手法是否太快或太慢		□11. 双手跪拳是否连贯	□11. 大搓手掌是否紧贴皮肤	□12. 菱形操作是否连贯	
			□12. 大搓是否到位	□12. 大搓皮肤是否有温度	□13. 排气是起点在胃部，终点在最底部	
			□13. 大搓手掌是否紧贴皮肤	□13. 大搓皮肤是否连贯	□14. 排气是否操作到位	
			□14. 大搓皮肤是否有温度	□14. 捏脂是否将脂肪捏起	□15. 排气是否连贯	
			□15. 大搓皮肤是否连贯	□15. 捏脂虎口，手掌是否贴皮肤	□16. 排气是否整个掌服贴	
			□16. 捏脂虎口，手掌是否贴皮肤	□16. 捏脂皮肤是否有温度	□17. 拉代脉是否操作到位	
			□17. 捏脂皮肤是否有温度	□17. 捏脂是否连贯	□18. 拉代肋是否全掌服贴	
			□18. 捏脂皮肤是否有温度	□18. 最后是否安抚结束	□19. 拉代脉是否连贯	
			□19. 捏脂是否连贯		□20. 大搓是否安抚整个腹部操作到位	
			□20. 最后是否安抚结束			

续上表

评估表说明：评分表分为5部分，共计100分

姓名	考核细节总分4.5分，每处0.5分 得分	操作话术评估共2分，每处0.4分 得分	背部操作评估共26.4分，每处1.2分 得分	腿部操作评估共25.2分，每处1.2分 得分	腹部操作评估共42分，每处1.4分 得分	备注
			□21. 整体顺序是否准确 □22. 整体操作是否减少或增加动作	□19. 整体顺序是否准确 □20. 整体操作是否减少或增加动作	□21. 大搓手掌是否紧贴皮肤 □22. 大搓皮肤是否有温度 □23. 大搓是否连贯 □24. 捏脂是否将脂肪捏起 □25. 捏脂虎口，手掌是否贴皮肤 □26. 捏脂皮肤是否有温度 □27. 捏脂是否连贯 □28. 最后是否有顺时针安抚结束 □29. 整体操作顺序是否准确 □30. 整体操作是否减少或增加动作	

现代学徒制教学效果评估表

(学生评价)

各位同学：为了使课程教学内容和教学方法更贴近岗位工作实际，促进我校教师专业教学能力的提高，请根据如下评分标准：非常满意（90分）、满意（80分）、基本满意（60~70分）、不满意（50分），对任课老师进行实事求是的评价。

表1

序号	评价项目	×××	×××	×××	×××	×××	×××	×××
1	讲授内容的专业性							
2	课程的实用性							
3	教学态度严谨、认真							
4	备课充分、联系实际							
5	措辞准确、条理清晰							
6	表达生动、通俗易懂							
7	案例典型、有启发性							
8	对任课老师的总体满意度							
你认为任课老师需要改进或提升的方面								
你有哪些好的建议，可以让老师的讲授对你帮助更大								
你最喜欢哪个老师上课								
你认为哪个老师对你能力提升帮助最大								

表2　培训讲师评价表

（请在评价项目对应的分数栏，用"√"选择认可的分数）

评价项目	非常满意	满意	一般		不满意
你对讲师将课题内容与实际工作相结合情况	100 分	90 分	80 分	70 分	60 分	50 分
你对讲师授课过程内容、主题及思路的清晰度	100 分	90 分	80 分	70 分	60 分	50 分
你认为培训内容容易理解/掌握，通俗易懂	100 分	90 分	80 分	70 分	60 分	50 分
你对本次的课堂的氛围及互动	100 分	90 分	80 分	70 分	60 分	50 分
你对本次培训的形式是否满意	100 分	90 分	80 分	70 分	60 分	50 分
你对本次培训的整体评价	100 分	90 分	80 分	70 分	60 分	50 分

你觉得这次培训中较好的是什么？

你希望下次组织哪些培训？

谢谢你的支持，祝你在伊丽莎白实现梦想！

现代学徒制医疗美容技术专业 2012 级毕业设计登记表

准考证号	姓名	题　目	指导老师	QQ 邮箱	联系电话	成绩
12440604019009	陈文秀	98 例德国骨胶原面膜使用情况调查与分析	杜鹃			合格
12440604019028	邓淑敏	与顾客进行有效沟通的方法技巧	吴琼			合格
12440604019029	傅润红	美容职业培训与学历教育课程互认的实践与探索	陈秀虎			合格
12440604019025	郭钟英	89 例瑞士法尔曼细胞活化面膜使用与有效性调查	杜鹃			合格
12440604019018	何卫勤	院校学生职业素质培养的实践与体会	陈秀虎			合术
12440604019010	梁淑花	伊丽莎白容桂店乳房保养的案例分析	吴琼			合格
12440604019023	廖美玲	美容技术培训的实践与体会	陈秀虎			合格
12440604019032	刘琼莲	关于伊丽莎白胸部保养项目需求与调理效果的分析报告	吴琼			合格
12440604019006	聂杰樱	关于伊丽莎白顾客面部皮肤保养效果的分析报告	吴琼			合格
12440604019013	盘华叶	经络美容流程护理实施与体会	杜鹃			合格
12440604019012	彭少玲	广州中环店美容顾客需求分析及销售策略	吴琼			合格
12440604019019	谭颖贤	院校生美容职业技能培训实践和体会	陈秀虎			合格
12440604019024	温小红	佛山禅城区女性对美容与化妆了解情况的调查	陈秀虎			合格
12440604019008	伍冰	女性胸部保养疗程护理的实践和体会	杜鹃			合格
12440604019015	祝惠英	佛山市女性对化妆品使用与安全知识调查	冯小军			合格

现代学徒制医疗美容技术专业毕业设计作品

89例瑞士法尔曼细胞活化面膜使用情况调查与分析

现代学徒制医疗美容技术专业　郭钟英　佛山　学号04111201004

摘　要　本文通过选取瑞士原装进口延缓皮肤衰老的顶级护肤品——瑞士法尔曼细胞活化面膜这一受众多名流青睐的世界十大面膜护肤品牌，对89例顾客使用的效果做一调查。根据此调查结果来说明细胞活化面膜对护肤的有效性。在调查的方式上，通过将顾客分为不同年龄、不同肤质，并按使用的频率、使用后皮肤变化、使用的时间、使用的时间段、使用的方法、使用的效果满意度、后期是否使用及后期是否介绍他人使用等来全面说明法尔曼细胞活化面膜的使用效果。

关键词　法尔曼细胞活化面膜　效果

现在社会生活条件越来越好，女性也越来越愿意花时间花精力来打扮自己、保养自己的皮肤，让自己变得更年轻、更自信，而使用面膜却是现在最普遍、最实用、最流行一种护肤方式，这从身边所有有点护肤意识的女性身上就可以得到很明显的体现。虽然，现在使用面膜已经变得十分常见，但如果问一些女性，如何使用面膜的效果最好、何种面膜是最适合自己的面膜等之类的问题，却没有多少人能够清晰明了地回答上来。

前不久，媒体和网上盛传"疑因敷面膜致死，屈臣氏下架'珍珠美白面膜'"的消息，这些关于面膜的负面消息，确实也影响了一部分人在使用面膜时的心态，她们会担心新闻上报道的那些事情，是不是有一天也会发生在自己身上。但面膜这类护肤品，既然能存在这么久，显然一定有其合理性。所以作为美容行业的从业人员，从专业以及实用性的角度，笔者以为我们应该将问题的关注点放在如何使女性正确使用面膜，并让女性持续用面膜后达到改善皮肤的问题上。

那如何改善呢？

首先，女性如果选用面膜来护肤，并希望通过此种方式来改善自己的面部肌肤，那自身皮肤以及体质的特性如何，是需要自身以及护理美容师正视的最重要问题。根据科学研究，只有为我们自己的肌肤特点选择相匹配的面膜，才能让面膜发挥明显的功效，才能经过长时间的使用后，面部肤质实现跳跃性的提升。其次，做任何事情，如果想要效率最大化，那掌握好正确的时间因素，也是关键。使用面膜也是一样的道理，根据笔者多年的美容从业经历来看，白天做面膜的效果远远不如晚上；而且根据人体科学研究表明，夜晚是皮肤美容的"黄金时间"，此时的皮肤细胞更加活跃，代谢能力更强，夜晚做面膜可以令面膜或其他保养品的美容精华更充分地被细胞吸收。

需要说明的是，不是随便一种面膜都可以为肌肤带来明显的改善，根据笔者多年的美容从业经验看，选取正规渠道生产的、在社会上有一定知名度的面膜产品，更容易让皮肤得到显著的改善。

为了更切合实际地分析了解面膜对皮肤的效果，笔者特意选取了瑞士法尔曼细胞活化面膜来对 89 例女性顾客进行了长时间的使用调查研究。

具体调查情况说明如下：

1. 瑞士法尔曼背景

瑞士法尔曼是瑞士殿堂级的护肤品牌，该品牌创立已逾百年，享誉并畅销欧洲、美洲、亚洲等地区的 43 个国家，其被誉为延缓肌肤老化的专家。

瑞士不受污染的大自然、清澈无杂质的水源以及清新的空气为法尔曼研制完美的护肤品提供了优越的发展条件。100 多年间法尔曼始终走在美容护肤领域的最前端，被誉为延缓肌肤衰老的专家，是众多名流青睐的世界十大护肤品牌之一，并始终保持这个美誉直到今天。法尔曼始终把眼光放在产品的品质上，保证产品的安全性、有效性及舒适性，这也正是法尔曼在百余年发展历程中广泛受到欧洲皇室、贵族及全球商界、政界，包括演艺界等人士青睐的主要原因。

瑞士法尔曼细胞活化面膜具有排毒及补湿功效，是刺激肌肤即时吸取养分、即时紧致、快捷光采及更新的全效面膜。其主要成分：三离子（钙镁钠）、完整性 DNA 等。DNA 的主要功效：一是高度滋润肌肤；二是再生修复肌肤促进细胞的再生；三是抗氧化、抗衰老；四是保护肌肤，抵挡紫外线。三离子（钙镁钠）的主要功效：钠，保存和平衡细胞内外的水分；镁，补充细胞生命力，增加活力及能量；钙，巩固细胞膜，确保细胞膜渗透功能。

据了解，法尔曼的每一款面膜产品至少会经过三年的反复测试后才会推出，这样就保证了产品的高品质及有效性。法尔曼为不同的年龄、不同的皮肤肤质都设有针对性的产品护理；该产品安全、舒适、有效，一直被名人、明星所喜爱和使用，比如法国前总统戴高乐，伊朗前皇后及公主，英格丽·褒曼，索菲亚·罗兰，香港明星黎明、关之琳、谢霆锋等；台湾著名作家张小娴在使用了法尔曼的面膜产品后，曾在她的文章《一个人的月亮》中对法尔曼面膜有过深刻的赞美：法尔曼细胞活化面膜是我用过最好的面膜，每次用完之后，也会觉得整个人容光焕发，你会为那一刻的自己着迷。她称细胞活化面膜是"幸福面膜"。由此可说明细胞活化面膜是一款可让顾客达到延缓皮肤衰老顶级护肤品。

2. 法尔曼活化面膜调查使用总人数

89 人（全部是女士）。

3. 法尔曼活化面膜使用的时间段

2013年1月—2014年5月。

4. 被调查者年龄段

25岁以下的适宜人群；25岁~45岁以下。

5. 使用法尔曼活化面膜的具体时段及方式

让那些被调查的女士每日敷法尔曼面膜5分钟或每星期薄敷1~2次，每次20分钟并同时使用一些补水产品。

6. 结果

表1　不同年龄女性使用法尔曼活化面膜的人数及占比

年龄	人数	占比/%
25岁以下	5	5.6
25~35岁	42	47
35~45岁	33	37
45岁以上	9	10

表2　不同肤质使用频率不同所产生的效果

不同肤质	人数	占比/%	使用频率	人数	占比/%	皮肤变化	人数	占比/%
中性	0	0	每天	5	5.6	皮肤滋润	9	10.1
干性	24	27	隔天	12	13.5	毛孔收细	12	13.4
油性	13	14.6	3~5天	38	42.7	皮肤白皙	16	18
混合性	39	43.8	7~10天	21	23.6	有光泽	39	43.8
敏感性	8	8.9	15~30天	6	6.7	变化不明显	10	11.2
不清楚	5	5.6	不定时	7	7.9	无变化	3	3.4

表3　使用时间与效果

使用时间段	人数	占比/%
白天	9	10.1
晚上	64	71.9
熬夜后	10	11.2
不定时	6	6.8

表 4 使用方法与效果

使用方法	人数	占比/%
直接涂抹干后清洗	42	47.2
全脸敷 3~5 分钟打圈干后清洗	40	44.9
皮肤粗糙部分敷 3~5 分钟打圈干后清洗	5	5.6

表 5 使用效果满意度

效果	人数	占比/%	继续使用	人数	占比/%	介绍他人使用	人数	占比/%
满意	77	86.5	会	77	86.5	会	74	83.1
不满意	12	13.5	不会	12	13.5	不会	15	16.8

7. 讨论

(1) 通过上述 5 个表格可以看出，使用面膜的年龄在 25~35 岁的占 47%，混合性皮肤占 43.8%，3~5 天使用一次面膜的占 42.7%，使用后皮肤更加有光泽的占 43.8%。这说明哪怕是短暂有规律的使用法尔曼活化细胞面膜，也能明显提升皮肤的光泽程度。

(2) 使用时间达 2 个月效果出来的占 24.7%，晚上使用占 71.9%，直接涂抹干后清洗占 47.2%，对效果满意的占 86.5%。从这些数据可以说明，面膜确实是在晚上使用时才会有最大的护肤效果，而这 89 例女士在使用法尔曼活化细胞面膜后，满意程度达到 86.5%，这说明法尔曼活化细胞面膜确实能给女性带来不一样的使用感受，确实让大部分的女性感受到了使用该面膜后自己皮肤得到了明显的改善。

(3) 根据表 5 来看，会继续使用面膜的占 86.5%，介绍他人使用的占 83.1%。这些数据说明，一款好的面膜产品，如果确实能帮助消费者达到她们所希望的效果，那么消费者不会吝啬自己的赞美，也不会吝啬对产品多做宣传。

总之，根据法尔曼产品在市场上已有的信誉度，以及该产品确实有改善肤质效果的作用，推荐并为女性选用法尔曼活化细胞面膜做护理，无疑是正确的。

参考文献

[1] 王慧. 面膜不能天天敷 [J]. 江苏卫生保健：今日保健，2012 (3)：42.

[2] 于滨力. 小小的面膜也会成为杀手吗？[J]. 科学养生，2012 (11)：32.

[3] 王成荣. 品牌价值论 [M]. 北京：中国人民大学出版社，2008：52.

［4］夏彤. 选择使用面膜的六点提示［J］. 求医问药：女人健康，2010（5）：38.

［5］花容. 睡眠面膜，用对是关键［J］. 人生与伴侣：下半月版，2011（8）：21.

［6］小月. 极度疲倦时敷面膜是错招［J］. 半月选读，2009（8）：11.

［7］刘淼，裴超. "膜"法时刻［J］. 时尚北京，2010（2）：90.

［8］尹泠. 睡眠面膜 美丽不休息［J］. 医药与保健，2011（8）：72.

现代学徒制实施过程中存在的问题及建议

一、户籍限制

存在问题：据统计，广东省外务工人员数量约为 1 000 万人，占大多数企业职工总数的 80% 左右，但现代学徒制自主招生考试要求考生须为广东省户籍。由于户籍的限制，符合报考条件的企业职工人数大大减少，影响了企业主动参与现代学徒制的积极性。

建议：放开现代学徒制自主招生考试（对企业在职员工）户籍限制。这个措施可以提高企业主动参与现代学徒制的积极性，解决现代学徒制健康、持续发展的关键问题，这对外来工数量庞大的广东省具有重要的现实意义。

二、招生考试的限制

存在问题：广东省现代学徒制自主招生考试要求 2009 年前毕业的普通高中毕业生也要参加普通高中学业水平考试，三门学科成绩均需获得等级成绩，且有一门学科成绩达到 C 级及以上等级。并且文科类考生考试科目指定为物理、化学、生物；理科类考生考试科目指定为政治、历史、地理。报考人员大多已走出校门参加工作，年龄较大且对高中知识遗忘较多，因此能通过水平考试的人数较少。

建议：放开招生考试的限制。现代学徒制培养的目标是满足企业需求的高素质技术技能型人才，培养的目标非常明确，因此应该放开招生考试的限制，赋予企业和学校更大的自主权。自主招生考试应该以行业、企业的需求为准则。

三、部分企业积极性欠缺

存在问题：企业是市场经济中的主体，参与现代学徒制需要考虑投资与回报，一方面对利益有着内在追求，希望获得政府的学徒制拨款，希望现代学徒制能解决人才的选、用、留问题；另一方面还考虑学徒制为其带来的非经济利益，例如通过提升员工的学历树立良好的企业形象与获得较好的社会声誉等。但学徒学习过程中造成的人力资源暂缺、学徒学费的承担、学徒培养的质量等问题影响了部分企业的积极性，特别是中小企业。

建议：政府出面构建利益共同体。现代学徒制涉及各方面的利益，包括政府、职业院校、企业、学徒等各个利益主体。利益最终决定相关者在现代学徒制项目上的参与意愿和积极性。只有处理好四者利益关系并通过一定的方式将其利益固定，以形成长效机制，现代学徒制才能在我国枝繁叶茂、硕果累累。因此，需要国家从法律上规范，政策上激励和引导。

例如，政府应该重视对企业的经费支持。政府应根据雇主企业学徒制培训规模、行业培训成本、技能培训在行业中的重要性等进行拨款。开拓多元化的资金补助渠道，充分利用税收扶持、雇主参与学徒制奖励等，激发企业的积极性。政府应该出台并落实企业接纳学徒和教师实践的优惠政策，确保学校教授的技能是企业需要的；同时要设置职教师资的准入标准和要求，放宽专业课和实训指导教师的引入标准，鼓励学校外聘企业能工巧匠到学校任教，给学校从企业聘用教师的自主权和经费等。

此外，政府应出台相应的法律法规政策，完善现代学徒制的顶层设计，建立统一的职业资格证书制度和严格的职业资格准入制度。

四、学校的下一步打算

根据国家社会经济发展与产业结构的特点，借鉴西方经济发达国家实施现代学徒制的成功经验，与广东省教育研究院、地方政府行政职能部门、行业、企业和其他职业院校等合作，拟从四个方面深入探索与实践现代学徒制。

（一）构建现代学徒制实施技术框架

依托专业职教联盟，在加强岗位调研的基础上，深化基于工作岗位的职业能力分析，并以此为切入点，政府、行业、院校、企业合作共同制定专业人才培养标准，参照国家职业资格标准或行业标准，结合广东地区社会经济发展和产业结构的现状，将专业人才培养标准细化为专业技术合格标准、岗位技能合格标准、职业核心能力合格标准，构建具有广东特色的现代学徒制技术框架体系。在该体系的基础上，探索研究实施现代学徒制所需政策框架体系等五个体系，以形成广东省试行现代学徒制的技术路线图，见图1。

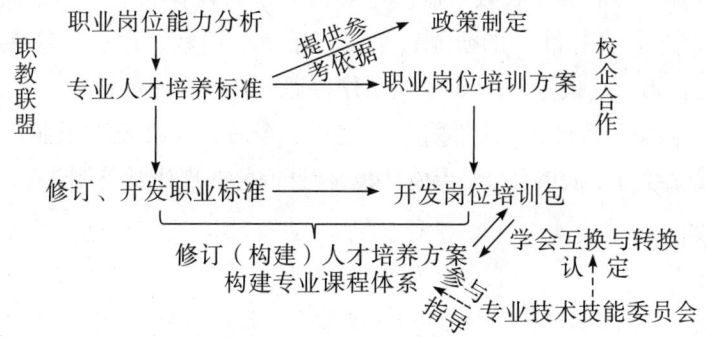

图1　现代学徒制内涵建设的技术路线图

（二）完善教学过程监控与质量评价指标

遵循过程管理原则，研究教学过程监控和质量管理与评价的关键控制点，完成教学质量奖惩标准的制定，建立适应校企联合培养、共同管理的教学准备阶段、教学实施阶段和教学效果评估的管理方法和绩效评价标准。探索企业、行业、学校、政府、学徒、社会参与等多元质量评价体系，规范教学管理，保证培养质量。

（三）搭建网络综合信息服务平台

依据现代学徒制校企联合招生、联合培养，学徒在岗学习、终身学习和教学管理对信息服务的迫切需求，构建网络综合信息服务平台。该平台将实现如下功能：

1. 实现现代学徒制管理的信息化

主要包括：学徒招生与报名管理；学徒入学考试管理；学徒录取与报到管理；学徒学籍管理；学徒教学管理；学徒学业考核与评价管理。

2. 实现现代学徒制网络教学与互动

主要包括：视频课程教学；远程互动教学；远程现场教学；在线教学测试与互动。

3. 实现现代学徒制的专业教学资源共享

主要包括：专业课程标准库、教学参考资料库、学徒学习资料库的建设；网络课程的建设。

4. 实现现代学徒制的校企信息社会公开

主要包括："双导师"信息收集与发布；学校信息收集与发布；企业信息收集与发布；政策信息收集与发布。

（四）完善"双导师"教学团队建设

在清远市职业教育集团内，以专业（群）职教联盟为基础，按照校企"双导师"互聘共用的原则，以满足现代学徒制对人才培养的目的，完善"双导师"教学团队建设，形成校企"双导师"互聘共用长效机制。主要的工作内容有如下三个方面：第一，校企"双导师"的遴选条件（标准）的研制；第二，培育的内容、途径、管理方法的研究和管理措施的制定；第三，校企"双导师"工作待遇与鼓励措施的研制。

职业教育只有植根于企业才能焕发勃勃生机。今后，我校要把职业教育深深植根于企业，植根于社会经济发展的沃土，继续探索自身特色的现代学徒制。

附 录

教育部关于开展现代学徒制试点工作的意见

教职成〔2014〕9号

各省、自治区、直辖市教育厅（教委），各计划单列市教育局，新疆生产建设兵团教育局，有关单位：

为贯彻党的十八届三中全会和全国职业教育工作会议精神，深化产教融合、校企合作，进一步完善校企合作育人机制，创新技术技能人才培养模式，根据《国务院关于加快发展现代职业教育的决定》（国发〔2014〕19号）要求，现就开展现代学徒制试点工作提出如下意见。

一、充分认识试点工作的重要意义

现代学徒制有利于促进行业、企业参与职业教育人才培养全过程，实现专业设置与产业需求对接，课程内容与职业标准对接，教学过程与生产过程对接，毕业证书与职业资格证书对接，职业教育与终身学习对接，提高人才培养质量和针对性。建立现代学徒制是职业教育主动服务当前经济社会发展要求，推动职业教育体系和劳动就业体系互动发展，打通和拓宽技术技能人才培养和成长通道，推进现代职业教育体系建设的战略选择；是深化产教融合、校企合作，推进工学结合、知行合一的有效途径；是全面实施素质教育，把提高职业技能和培养职业精神高度融合，培养学生社会责任感、创新精神、实践能力的重要举措。各地要高度重视现代学徒制试点工作，加大支持力度，大胆探索实践，着力构建现代学徒制培养体系，全面提升技术技能人才的培养能力和水平。

二、明确试点工作的总要求

1. 指导思想

以邓小平理论、"三个代表"重要思想、科学发展观为指导，坚持服务发展、就业导向，以推进产教融合、适应需求、提高质量为目标，以创新招生制度、管理制度和人才培养模式为突破口，以形成校企分工合作、协同育人、共同发展的长效机制为着力点，以注重整体谋划、增强政策协调、鼓励基层首创为手段，通过试点、总结、完善、推广，形成具有中国特色的现代学徒制度。

2. 工作原则

——坚持政府统筹，协调推进。要充分发挥政府统筹协调作用，根据地方经济社会发展需求系统规划现代学徒制试点工作。把立德树人、促进人的全面发展作为试点工作的根本任务，统筹利用好政府、行业、企业、学校、科研机构等方面的资源，协调好教育、人社、财政、发改等相关部门的关系，形成合力，共同研究解决试点工作中遇到的困难和问题。

——坚持合作共赢，职责共担。要坚持校企双主体育人、学校教师和企业师傅双导师教学，明确学徒的企业员工和职业院校学生双重身份，签好学生与企业、学校与企业两个合同，形成学校和企业联合招生、联合培养、一体化育人的长效机制，切实提高生产、服务一线劳动者的综合素质和人才培养的针对性，解决好合作企业招工难的问题。

——坚持因地制宜，分类指导。要根据不同地区行业、企业特点和人才培养要求，在招生与招工、学习与工作、教学与实践、学历证书与职业资格证书获取、资源建设与共享等方面因地制宜，积极探索切合实际的实现形式，形成特色。

——坚持系统设计，重点突破。要明确试点工作的目标和重点，系统设计人才培养方案、教学管理、考试评价、学生教育管理、招生与招工，以及师资配备、保障措施等工作。以服务发展为宗旨，以促进就业为导向，深化体制机制改革，统筹发挥好政府和市场的作用，力争在关键环节和重点领域取得突破。

三、把握试点工作内涵

1. 积极推进招生与招工一体化

招生与招工一体化是开展现代学徒制试点工作的基础。各地要积极开展"招生即招工、入校即入厂、校企联合培养"的现代学徒制试点，加强对中等和高等职业教育招生工作的统筹协调，扩大试点院校的招生自主权，推动试点院校根据合作企业需求，与合作企业共同研制招生与招工方案，扩大招生范围，改革考核方式、内容和录取办法，并将试点院校的相关招生计划纳入学校年度招生计划进行统一管理。

2. 深化工学结合人才培养模式改革

工学结合人才培养模式改革是现代学徒制试点的核心内容。各地要选择适合开展现代学徒制培养的专业，引导职业院校与合作企业根据技术技能人才成长规律和工作岗位的实际需要，共同研制人才培养方案、开发课程和教材、设计实施教学、组织考核评价、开展教学研究等。校企应签订合作协议，职业院校承担系统的专业知识学习和技能训练；企业通过师傅带徒形式，依据培养方案进行岗位技能训练，真正实现校企一体化育人。

3. 加强专兼结合师资队伍建设

校企共建师资队伍是现代学徒制试点工作的重要任务。现代学徒制的教学任务必须由学校教师和企业师傅共同承担，形成双导师制。各地要促进校企双方密切合作，打破现有教师编制和用工制度的束缚，探索建立教师流动编制或设立兼职教师岗位，加大学校与企业之间人员互聘共用、双向挂职锻炼、横向联合技术研发和专业建设的力度。合作企业要选拔优秀高技能人才担任师傅，明确师傅的责任和待遇，师傅承担的教学任务应纳入考核，并可享受带徒津贴。试点院校要将指导教师的企业实践和技术服务纳入教师考核并作为晋升专业技术职务的重要依据。

4. 形成与现代学徒制相适应的教学管理与运行机制

科学合理的教学管理与运行机制是现代学徒制试点工作的重要保障。各地要切实推动试点院校与合作企业根据现代学徒制的特点，共同建立教学运行与质量监控体系，共同加强过程管理。指导合作企业制定专门的学徒管理办法，保证学徒基本权益；根据教学需要，合理安排学徒岗位，分配工作任务。试点院校要根据学徒培养工学交替的特点，实行弹性学制或学分制，创新和完善教学管理与运行机制，探索全日制学历教育的多种实现形式。试点院校和合作企业共同实施考核评价，将学徒岗位工作任务完成情况纳入考核范围。

四、稳步推进试点工作

1. 逐步增加试点规模

将根据各地产业发展情况、办学条件、保障措施和试点意愿等，选择一批有条件、基础好的地市、行业、骨干企业和职业院校作为教育部首批试点单位。在总结试点经验的基础上，逐步扩大实施现代学徒制的范围和规模，使现代学徒制成为校企合作培养技术技能人才的重要途径。逐步建立起政府引导、行业参与、社会支持，企业和职业院校双主体育人的中国特色现代学徒制。

2. 逐步丰富培养形式

现代学徒制试点应根据不同生源特点和专业特色，因材施教，探索不同的培养形式。试点初期，各地应引导中等职业学校根据企业需求，充分利用国家注册入学政策，针对不同生源，分别制订培养方案，开展中职层次现代学徒制试点。引导高等职业院校利用自主招生、单独招生等政策，针对应届高中毕业生、中职毕业生和同等学力企业职工等不同生源特点，分类开展专科学历层次不同形式的现代学徒制试点。

3. 逐步扩大试点范围

现代学徒制包括学历教育和非学历教育。各地应结合自身实际，可以从非学历教育入手，也可以从学历教育入手，探索现代学徒制人才培养规律，积累经验后逐步扩大。鼓励试点院校采用现代学徒制形式与合作企业联合开展企业员工岗前培训和转岗培训。

五、完善工作保障机制

1. 合理规划区域试点工作

各地教育行政部门要根据本意见精神，结合地方实际，会同人社、财政、发改等部门，制定本地区现代学徒制试点实施办法，确定开展现代学徒制试点的行业企业和职业院校，明确试点规模、试点层次和实施步骤。

2. 加强试点工作组织保障

各地要加强对试点工作的领导，落实责任制，建立跨部门的试点工作领导小组，定期会商和解决有关试点工作重大问题。要有专人负责，及时协调有关部门支持试点工作。引导和鼓励行业、企业与试点院校通过组建职教集团等形式，整合资源，为现代学徒制试点搭建平台。

3. 加大试点工作政策支持

各地教育行政部门要推动政府出台扶持政策，加大投入力度，通过财政资助、政府购买等奖励措施，引导企业和职业院校积极开展现代学徒制试点。并按照国家有关规定，保障学生权益，保证合理报酬，落实学徒的责任保险、工伤保险，确保学生安全。大力推进"双证融通"，对经过考核达到要求的毕业生，发放相应的学历证书和职业资格证书。

4. 加强试点工作监督检查

加强对试点工作的监控，建立试点工作年报年检制度。各试点单位应及时总结试点工作经验，扩大宣传，年报年检内容作为下一年度单招核准和布点的依据。对于试点工作不力或造成不良影响的，将暂停试点资格。

教育部
2014 年 8 月 25 日

关于开展现代学徒制试点工作的通知

教职成司函〔2015〕2号

各省、自治区、直辖市教育厅（教委）、各计划单列市教育局、新疆生产建设兵团教育局，有关单位：

根据《教育部关于开展现代学徒制试点工作的意见》（教职成〔2014〕9号）有关要求，经研究，决定遴选一批有条件、基础好的地市、行业、企业和职业院校开展现代学徒制试点工作。请有意向的单位按要求认真填写申报书，并于2015年1月30日前报我司。申报材料要求一式两份（附电子版光盘），地级市、职业院校和企业的申报材料由各省、自治区、直辖市教育厅（教委）统一组织报送，行业申报材料可直接报送。

联系人及电话：李红东、白汉刚，010-66096809。

电子信箱：jchzc@moe.edu.cn。

地址：北京市西城区西单大木仓胡同35号，邮编100816。

附件：1. 现代学徒制试点工作实施方案
2. 现代学徒制试点项目申报书（地级市、院校、企业版）（略）
3. 现代学徒制试点项目申报书（行业版）（略）

教育部职业教育与成人教育司
2015年1月5日

附件

现代学徒制试点工作实施方案

为贯彻落实全国职业教育工作会议精神和《国务院关于加快发展现代职业教育的决定》，切实做好现代学徒制试点工作，根据《教育部关于开展现代学徒制试点工作的意见》（教职成〔2014〕9号）有关要求，特制订本方案。

一、试点目标

探索建立校企联合招生、联合培养、一体化育人的长效机制，完善学徒培养的教学文件、管理制度及相关标准，推进专兼结合、校企互聘互用的"双师型"师资队伍建设，建立健全现代学徒制的支持政策，逐步建立起政府引导、行业参与、社会支持、企业和职业院校双主体育人的中国特色现代学徒制。

二、试点内容

（1）探索校企协同育人机制。完善学徒培养管理机制，明确校企双方职责、分工，推进校企紧密合作、协同育人。完善校企联合招生、分段育人、多方参与评价的双主体育人机制。探索人才培养成本分担机制，统筹利用好校内实训场所、公共实训中心和企业实习岗位等教学资源，形成企业与职业院校联合开展现代学徒制的长效机制。

（2）推进招生招工一体化。完善职业院校招生录取和企业用工一体化的招生招工制度，推进校企共同研制、实施招生招工方案。根据不同生源特点，实行多种招生考试办法，为接受不同层次职业教育的学徒提供机会。规范职业院校招生录取和企业用工程序，明确学徒的企业员工和职业院校学生双重身份，按照双向选择原则，学徒、学校和企业签订三方协议，对于年满16周岁未达到18周岁的学徒，须由学徒、监护人、学校和企业四方签订协议，明确各方权益及学徒在岗培养的具体岗位、教学内容、权益保障等。

（3）完善人才培养制度和标准。按照"合作共赢、职责共担"原则，校企共同设计人才培养方案，共同制订专业教学标准、课程标准、岗位标准、企业师傅标准、质量监控标准及相应实施方案。校企共同建设基于工作内容的专业课程和基于典型工作过程的专业课程体系，开发基于岗位工作内容、融入国家职业资格标准的专业教学内容和教材。

（4）建设校企互聘共用的师资队伍。完善双导师制，建立健全双导师的选拔、培养、考核、激励制度，形成校企互聘共用的管理机制。明确双导师职责和待遇，合作企业要选拔优秀高技能人才担任师傅，明确师傅的责任和待遇，师傅承担的教学任务应纳入考核，并可享受相应的带徒津贴。试点院校要将指导教师的企业实践和技术服务纳入教师考核并作为晋升专业技术职务的重要依据。建立灵活的人才流动机制，校企双方共同制订双向挂职锻炼、横向联合技术研发、专业建设的激励制度和考核奖惩制度。

（5）建立体现现代学徒制特点的管理制度。建立健全与现代学徒制相适应的教学管理制度，制定学分制管理办法和弹性学制管理办法。创新考核评价与督查制度，制定以育人为目标的实习实训考核评价标准，建立多方参与的考核评价机制。建立定期检查、反馈等形式的教学质量监控机制。制定学徒管理办法，保障学徒权益，根据教学需要，科学安排学徒岗位、分配工作任务，保证学徒合理报酬。落实学徒的责任保险、工伤保险，确保人身安全。

三、试点单位

现代学徒制试点采取自愿申报的原则。申报试点的单位应是有一定工作基础、愿意先行先试的地级市、行业、企业及职业院校。

（1）以地级市为申报单位进行试点。地级市作为试点单位，统筹辖区内职业院校和企业，立足辖区内职业教育资源和企业资源，合理确定试点专业和学生规模，开展现代学徒制试点工作，重点探索地方实施现代学徒制的支持政策和保障措施。

（2）以行业系统为申报单位进行试点。以行业作为试点单位，统筹行业内职业院校和企业，选择行业职业教育重点专业，开展现代学徒制试点工作，重点任务是开发现代学徒制的各类标准。

（3）以职业院校为申报单位进行试点。职业院校作为试点单位，选择学校主干专业作为试点专业，联合有条件、有意愿的企业，共同开展现代学徒制试点，重点探索开展现代学徒制的人才培养模式和管理制度。

（4）以企业为申报单位进行试点。具有多年校企一体化育人经验的大型企业作为试点单位，联合职业院校，共同开展现代学徒制试点，重点探索企业参与现代学徒制的有效途径、运作方式和支持政策。

四、工作安排

现代学徒制试点单位按照自愿申报、专家评审、统一部署等程序确定，试点工作在省级教育行政部门的统筹协调下开展。

（1）项目申报。各申报单位须填写项目申报书，申报材料要求一式两份（附电子版光盘），并于2015年1月30日前报我司。地级市、职业院校和企业的申报材料由所在省、自治区、直辖市教育厅（教委）统一组织报送（企业申报材料由合作院校所在省、自治区、直辖市教育部门报送），行业申报材料可单独直接报送。

（2）评审遴选。我部将组织专家对申报方案进行评审、遴选，优先选择目标明确、方案完善、支持力度大、示范性强的申报单位，作为教育部现代学徒制首批试点单位。

（3）组织实施。经我部批准的试点单位，按照试点工作方案，制订详细的试点工作任务书，以专业学制为一个试点周期，开展各项试点工作。教育行政部门应做好对试点工作的统筹协调，确保试点工作的顺利开展。

(4）总结推广。试点期间，我部将组织专家对试点工作进行监督检查，并建立年度报告和周期总结相结合的评价方式。试点结束后，试点单位要做好试点总结。在总结各地经验基础上，我部将逐步扩大实施现代学徒制的范围和规模，使现代学徒制成为校企合作培养技术技能人才的重要途径。

五、保障措施

各地要加强对试点工作的组织领导，健全工作机制，完善政策措施，加强指导服务。

（1）加强组织领导。各地要加强对试点工作的领导，落实责任制，建立跨部门的试点工作领导小组，定期会商和解决有关试点工作重大问题。要有专人负责，及时协调有关部门支持试点工作。要制定试点工作的扶持政策，加强对招生工作的统筹协调，扩大试点院校的招生自主权；加大投入力度，通过财政资助、政府购买等措施，引导企业和职业院校积极开展现代学徒制试点。

（2）科学制订试点方案。各试点单位要深入调研、科学论证，发挥现代学徒制多元主体作用，把试点工作细化、具体化，形成具有可操作性的试点项目实施方案。实施方案要针对学徒制实施过程中的实际问题，着力创新体制机制，明确试点目标、试点措施、进度安排、配套政策、保障条件、责任主体、风险分析和应对措施、预期成果及推广价值等内容。

（3）加强科学研究工作。各试点单位要坚持边试点边研究，及时总结提炼，把试点工作中的好做法和好经验上升成为理论，形成推动现代学徒制发展的政策措施，促进理论与实践同步发展。积极开展国际比较研究，系统总结相关国家（地区）开展学徒制的经验，完善中国特色的现代学徒制运行机制、办学模式、管理体制和条件保障等。

教育部办公厅关于公布首批现代学徒制试点单位的通知

教职成厅函〔2015〕29 号

各省、自治区、直辖市教育厅（教委），新疆生产建设兵团教育局，有关单位：

根据《教育部关于开展现代学徒制试点工作的意见》（教职成〔2014〕9 号）要求，我部组织各地开展了现代学徒制试点申报工作。经专家评议，决定遴选 165 家单位作为首批现代学徒制试点单位和行业试点牵头单位（以下简称"试点单位"），现予以公布，并就有关事项通知如下：

1. 制订工作任务书。各试点单位要结合实际，制订试点工作任务书，明确试点工作的重点建设内容、实施步骤、责任主体和保障措施等，确保试点工作顺利实施。试点工作任务书须报我部备案。各试点地区、职业院校、企业、地方行业的任务书由所在地省级教育行政部门统一报送，行业组织可直接报送。报送截止日期为 2015 年 9 月 30 日。

2. 加强科研工作。各试点单位要加强科学研究工作，坚持边试点边研究，及时总结提炼，把试点工作中的好做法和好经验上升为理论，促进理论与实践同步发展。有条件的试点单位要积极开展国际比较研究，系统总结相关国家（地区）开展学徒制的经验，完善中国特色的现代学徒制制度体系。

3. 做好宣传工作。各地要持续做好现代学徒制试点宣传工作，充分发挥主流媒体和网络、微信等新媒体作用，开展形式多样、内容丰富，多层次、全方位的宣传活动，将试点过程中的好做法、好经验和理论研究成果予以及时总结推广，营造有利于试点运作的良好社会氛围。

4. 强化组织领导。各省级教育行政部门要加强对工作试点的组织领导，特别是指导所辖地级市做好市级统筹，健全工作机制，落实责任，完善政策措施。要制订试点工作的扶持政策，加强对招生工作的统筹协调，扩大试点院校的招生自主权；加大投入力度，通过财政资助、政府购买等措施，引导企业和职业院校积极开展现代学徒制试点。试点期间，我部将组织开展现代学徒制政策解读及相关培训，定期组织专家对试点工作进行监督检查，并建立年度报告和周期总结相结合的评价方式。在总结经验基础上，将逐步扩大现代学徒制实施范围和规模，构建中国特色现代学徒制体系，使现代学徒制成为培养技术技能人才的重要途径。

联系人：尹玉杰、白汉刚

联系电话：010-66096809

地址：北京市西城区西单大木仓胡同 37 号

邮政编码：100816

附件：首批现代学徒制试点单位名单

教育部办公厅
2015 年 8 月 5 日

附件

首批现代学徒制试点单位名单

一、试点地区（含计划单列市）（17 个）

吉林省吉林市

吉林省辽源市

江苏省无锡市

江苏省南通市

江苏省常州市科教城

浙江省杭州市

浙江省嘉兴市

浙江省湖州市

湖北省荆州市

湖南省长沙市

湖南省湘潭市

广东省佛山市

广东省中山市

广西壮族自治区柳州市

四川省成都市

陕西省咸阳市

青岛市

二、试点企业（8 家）

天津海鸥表业集团有限公司

天津渤海化工集团有限责任公司
招商局物流集团上海有限公司
海澜集团有限公司
江西省建材集团公司
济南二机床集团有限公司
郑州宇通客车股份有限公司
博世汽车部件（长沙）有限公司

三、试点高职院校（100所）

北京交通运输职业学院
北京电子科技职业学院
北京财贸职业学院
天津中德职业技术学院
天津电子信息职业技术学院
天津职业大学
河北建材职业技术学院
唐山工业职业技术学院
邢台职业技术学院
石家庄铁路职业技术学院
石家庄邮电职业技术学院
渤海理工职业学院
山西职业技术学院
山西工程职业技术学院
山西药科职业学院
内蒙古机电职业技术学院
内蒙古商贸职业学院
辽宁林业职业技术学院
辽宁职业学院
沈阳职业技术学院
大连装备制造职业技术学院
长春汽车工业高等专科学校
长春职业技术学院
哈尔滨职业技术学院
哈尔滨铁道职业技术学院

黑龙江农业工程职业学院
上海中侨职业技术学院
上海旅游高等专科学校
上海农林职业技术学院
江苏食品药品职业技术学院
无锡商业职业技术学院
南京工业职业技术学院
南通职业大学
江苏农林职业技术学院
南京信息职业技术学院
金华职业技术学院
温州职业技术学院
浙江机电职业技术学院
浙江商业职业技术学院
宁波职业技术学院
浙江建设职业技术学院
芜湖职业技术学院
安徽机电职业技术学院
安徽职业技术学院
福州职业技术学院
福建林业职业技术学院
福建生物工程职业技术学院
江西应用技术职业学院
江西航空职业技术学院
东营职业学院
滨州职业学院
山东商业职业技术学院
山东交通职业学院
山东科技职业学院
青岛职业技术学院
日照职业技术学院
河南工业职业技术学院
开封文化艺术职业学院
河南农业职业学院

漯河职业技术学院
商丘医学高等专科学校
黄冈职业技术学院
武汉铁路职业技术学院
武汉船舶职业技术学院
武汉职业技术学院
湖南石油化工职业技术学院
湖南工艺美术职业学院
长沙民政职业技术学院
长沙航空职业技术学院
清远职业技术学院
广东科学技术职业学院
广东工程职业技术学院
广东机电职业技术学院
广州铁路职业技术学院
广东邮电职业技术学院
广州番禺职业技术学院
广西职业技术学院
广西建设职业技术学院
广西交通职业技术学院
海南职业技术学院
三亚城市职业学院
重庆工业职业技术学院
重庆航天职业技术学院
重庆电子工程职业学院
四川交通职业技术学院
成都农业科技职业学院
四川邮电职业技术学院
贵州轻工职业技术学院
贵阳职业技术学院
昆明工业职业技术学院
云南国土资源职业学院
陕西交通职业技术学院
陕西工业职业技术学院

兰州资源环境职业技术学院
酒泉职业技术学院
青海畜牧兽医职业技术学院
宁夏职业技术学院
新疆轻工职业技术学院
新疆职业大学
新疆石河子职业技术学院

四、试点中职学校（27所）

北京市昌平职业学校
承德工业学校
呼和浩特市商贸旅游职业学校
沈阳市化工学校
长春市农业学校
大庆市蒙妮坦职业高级中学
上海电子工业学校
亳州中药科技学校
福建省福州旅游职业中专学校
江西省医药学校
德州交通职业中等专业学校
洛阳铁路信息工程学校
重庆工商学校
四川省达州中医学校
贵阳铁路工程学校
玉溪工业财贸学校
西藏日喀则市职业技术学校
陕西省电子工业学校
平凉理工中等专业学校
青海省工业职业技术学校
中卫市职业技术学校
新疆工业经济学校
第一师阿拉尔职业技术学校
宁波市鄞州区古林职业高级中学
宁波市北仑职业高级中学

厦门工商旅游学校
深圳市第一职业技术学校

五、行业试点牵头单位（13家）

机械工业教育发展中心
有色金属工业人才中心
中国煤炭教育协会
中国建筑材料联合会
中国汽车工程学会
中国物流与采购联合会
国家康复辅具研究中心
中民民政职业能力建设中心
中国艺术科技研究所
山西省煤炭工业厅
山西省旅游局
广东省旅游协会
南宁市焊接协会